바르샤바

벽돌 한 장까지 고증을 거쳐 재건된 도시

차례
C o n t e n t

바르샤바 다시 보기

지구상에서 흔적도 없이 국가 이름이 사라지는 경험을 한 우리에게 '바르샤바'는 늘 뭔가 막연하게나마 친근감을 주는 도시다. 나라 잃은 음악가 쇼팽의 도시이자, 퀴리 부인의 고향이며, 로자 룩셈부르크가 학창시절을 보내며 혁명가의 의지를 불태우던 그 장소. 아니 다시 쇼팽만 떠올려 봐도, 결국 시신은 프랑스에 묻혔을망정 그의 심장만은 바로 이곳 바르샤바로 돌아와 묻히지 않았던가. 왜 폴란드와 프랑스가 그렇게 가까웠는가, 같은 이성적인 물음을 던질 여유를 갖기 전에 우리는 언제나 바르샤바를 감정적인 향수의 대상으로 바라보곤 했다. 왜 그렇게 많은 유대인이 바르샤바에 살고 있었는가에 대해 우리는 깊이 생각해본 적이 없지만, 바르샤바 게토의 암울하

3

고 몸서리치는 이미지는 영화나 책을 통해 이미 익숙하다.[1]

폴란드 음악가 슈삘만의 일대기를 그린 로만 뽈란스끼의 영화「피아니스트」를 통해 제2차세계대전의 참상과 처참하게 파괴된 바르샤바를 실감나게 목격하게 된 우리는 유대인들의 수난을 재차 확인하고 마는 차원을 넘어, 이제는 가령 저 폴란드인들에게 유대인들은 과연 어떤 존재였는가를 생각해볼 때가 되지 않았을까. 폴란드 역사에 큰 영향을 미친 유대인 관용의 명암과 리투아니아, 독일과의 '다민족' 문제가 걸린 복잡한 관계 속에서 폴란드를 다시 바라볼 필요가 있는 것이다. 안타깝게도 아직 단일 민족 신화에서 벗어나지 못하고 외국인 노동자를 같은 인간으로 대하지 않는 상당수의 비교양적 인간이 살고 있는 이 땅에서 바르샤바의 좀 더 진실에 가까운 모습을 바로 보려는 시도는 특히 의미가 있다 하겠다.

폴란드 역사에서 바르샤바는 무엇보다도 의회정치의 중심지라는 상징적인 의미가 가장 크다. 유럽 전체에서도 폴란드가 거대한 세력을 떨쳤던 16세기, 1569년 폴란드 왕국과 리투아니아 공국의 연합 의회 장소로 바르샤바가 선택되면서 그 화려한 도시의 역사는 시작된다. 1596년에는 지그문트 3세 왕에 의해 왕실 궁전까지 끄라꾸프에서 바르샤바로 옮겨지면서 바르샤바는 명실 공히 폴란드 역사의 중심무대로 부상하며, 상업, 수공업, 예술 등 모든 면에서 급속한 성장을 보인다.

하지만 아직도 폴란드를 대표하는 도시는 바르샤바가 아니라 '끄라꾸프'라고 주장하는 사람도 많다. 끄라꾸프는 폴란드 역사와 종교의 중심지이자 예술의 도시이며, 유럽을 대표하는 고도(古都) 중 하나로 명성이 높다. 사실 중부유럽의 도시 중에 우리가 늘 낭만적으로 떠올리는 아름다운 도시는 바로 폴란드의 끄라꾸프, 체코의 쁘라하, 헝가리의 부다페스트일 것이다. 바르샤바는 여행사 단기 중부유럽 관광코스에서 빠지기일쑤고 그 누구도 바르샤바를 풍경이 아름다운 도시라고 말하지 않는다. 이 중부유럽 3대 도시들과 마찬가지로 역사는 오래되었지만, 제2차세계대전 때에 거의 전부 파괴된 후 재건된터라 바르샤바는 '고도'라고 불리는 일도 없다.

또 하나의 '빠리' 혹은 '북부의 빠리'라고 불리기도 하면서 유럽을 대표하는 아름다운 도시 중 하나로 명성을 떨쳤던 바르샤바는 1939년 9월 히틀러 집단의 폴란드 침공으로 파괴되기 시작한다. 독일 점령하의 1944년 '바르샤바 봉기' 때 그 절정에 이른 독일군의 파괴는 빌딩을 불태우거나 다이너마이트로 폭파시키는 등 극도로 야만적인 형태로 진행되었다. 많은 시민들은 수용소로 끌려갔으며, 교회와 유적지들이 파괴되었고, 그 내부의 물건들은 무자비한 약탈의 대상이 되었다.

박물관, 도서관, 미술관, 자료보관소 등 바르샤바의 모든 유산이 약탈당했다고 해도 과언이 아니다. 약탈을 하다못해 너무 큰 것은 모두 부숴버렸다고 표현하는 것이 간단하리라. 123년간의 망국의 세월을 견디어낸 폴란드 정신의 상징이라 해도 좋을 쇼팽의 심장까지도 그들은 바르샤바 대학 앞 성십자가 교회 벽에서 꺼내 도시 근교로 가져갔다. 쇼팽이 살았고 음악

바르샤바 재건 당시의 보이스카웃 소년들.

교육을 받았던 바로 그 장소가 바르샤바 봉기의 격전지였기 때문이다. 바르샤바 시민들은 1945년 10월 17일 다시 원래의 자리로 쇼팽의 심장을 복원시킨다. 지금 이곳은 바르샤바 대학, 대통령궁, 교회, 아카데미 연구소 등이 위치한 바르샤바의 심장이다.

폴란드 국민들과 바르샤바 시민들은 제2차세계대전 직후 중대한 선택을 해야만 했다. 독일군에게 처절하게 파괴된 도시 전체를 인류사에 그 유래가 없는 방대한 박물관으로 보존하고 수도를 다른 장소로 이전할 것인지, 아니면 철저하게 '벽돌 한 장까지' 재건해야 할 것인지. 1945년 1월 20일 바르샤바 재건안이 채택되었다. 곧 바로 17만 명의 시민이 바르샤바로 귀환했고 이후 1950년대 중반까지 계속된 바르샤바 재건의 과정은 그 자체가 하나의 드라마로 일일이 도시 역사에 기록되어 있다. 전후 통계에 의하면 바르샤바는 전체 건물의 84%가 파괴되고 1939년 130만 명이었던 인구 중 무려 65만 명이 사망한, 그야말로 아무것도 없는 상태에서 다시 시작해야만 했다. 해외에 있는 자료와 심지어 그림까지도 모두 참고하여 '벽돌 하나까지' 재창조하는 거대한 복원과정을 차라리 행위예술이라 칭한다면 너무 감상적인 비유일까.

바르샤바나 끄라꾸프 등 폴란드 대도시의 커다란 서점이나 헌책방 어디를 가도 '바르샤바학'을 의미하는 라틴어 'Varsaviana'라는 코너가 있다. 이 코너에는 중세의 바르샤바에서 현대에 이르는 도시 관련 모든 분야가 망라되어 있다. 대도시라면 어디에서나 있을 법한 것이지만 바르샤바의 경우에는 약간 의미가 다르다. 하나의 도시가 영광의 시대를 누린 후 잿더미에서 재건된 이상 재건되지 못한 시간과 역사는 문헌에서만 존재하기 때문이다. 자신들의 도시가 해외에 있었던 바르샤바 관련 문헌과 지도와 그림 등을 바탕으로 재건되었던 만큼, 그 기록의 중요성을 절감한 바르샤바 학자들은 1960년 이후에는 오백 쪽이 넘는 바르샤바 연보를 매년 출판하는 '수도 바르샤바 도시고문서관'을 따로 만들었을 정도다.

필자는 무엇보다 우리가 가지고 있는 막연한 상상과 감상적인 향수에서 벗어나 이 도시가 담고 있는 관용과 갈등, 전쟁과 봉기의 이면을 찬찬히 살펴보고자 한다. 폴란드 역사와 문화예술사에서 바르샤바가 어떤 역할을 해왔는지, 그리고 근대 이후 전쟁, 파괴, 학살, 유대인, 이데올로기, 종교 등 거의 모든 부조리와 격변의 터널을 지나온 국가의 수도로서 이 도시가 우리에게 주는 의미는 무엇인지 다함께 생각해보도록 하자. 어쩌면 우리말로 이 도시를 올바르게 '재건'하는 첫 시도가 될지도 모르겠다.

두 개의 폴란드 – 폴란드와 해외의 폴로니아

강대국 vs. 약소국

냉전 이데올로기가 오랜 시간 지배한 탓에 옛 동구의 나라들은 강대국의 틈바구니에서 고난의 역사를 견디어온 작은 나라들이라는 이미지가 강하다. 하지만 체코나 헝가리와 같은 나라와 비교해보아도 폴란드는 결코 작은 나라가 아니었다. 과거 16세기까지만 거슬러 올라가도 유럽의 강국이었음을 알 수 있다. 현재에도 러시아를 제외한 유럽에서는 그 영토나 인구규모 면에서 6번째로 큰 규모의 국가로 국내 인구는 4천만 명 정도이지만 해외에는 1천만 명이 넘는 폴란드인이 살고 있다. 보통 폴란드는 자국어로 'Polska(뽈스까)'라고 부르며 재외국 폴란드인 사회를 'Polonia(폴로니아)'라고 칭한다.

이 '폴로니아'의 폴란드인들은 미국과 구 쏘련 영토 이외에도 프랑스, 브라질, 영국, 아르헨티나 등 세계 각지에 퍼져 있다. 유대인의 경우를 제외하면, 본국과 국외의 인구비율이 3대 1에 가까운 나라는 아마 폴란드가 유일하지 않을까. 폴로니아는 그 숫자 면에서도 화교의 2천만 명 다음으로 큰 인구규모이다. 시대별로 각기 다른 배경이 있지만 크게 보아서, 폴란드 국가가 지구상에서 사라진 그 기간에 약 350만 명, 양차 세계대전 사이를 말하는 소위 전간기(戰間期)에 120만 명이 조국 땅을 떠났고, 제2차세계대전 중에 나간 2백만 명 중 전쟁 후에도 국외에 남은 인구는 50만 명 정도로 추정되고 있다.

폴란드의 군인 중에 미국 독립전쟁 당시 영웅이 있었다는 것이 상징적으로 잘 말해주고 있지만, 미국의 경우 이민의 역사가 길어서 폴란드계의 미국시민을 합쳐 계산하면 미합중국 내에만 1천-1천 2백만의 폴란드계 이민이 살고 있다고 한다. 특히 시카고와 같은 폴란드인 밀집 지역에는 폴란드어 신문은 물론 잡지 등도 발행되고 있다. 또한 영국이나 프랑스에도 폴란드인이 많이 살고 있어서 폴란드어 문예지와 단행본이 해외에서 나오는 것도 매우 흔한 일이다.

폴란드는 러시아에 못지않게 노벨문학상 수상자도 다수 배출한 바 있다. 냉전 종식 이후 최근 십여 년을 보면 유럽과 미국에 흩어져 살던 폴란드 문학자가 더욱 자유롭게 왕복하며 강의, 강연, 출판 활동을 하고 있어서 연구자의 입장에서는 마치 문학의 장이 두 배 세 배로 팽창한 느낌마저 들 때가 있다. 특히 1990년대 이후에 문예지나 잡지의 특집호를 보면 폴란드 국내외의 쟁쟁한 인물들이 테마별, 사안별, 특정 인물의 추모 특집별로, 각각 하나의 지면을 통해 서로 모이는 감동적인 순간들을 종종 목격하게 된다. '망명' '이민' '검열' '반체제' '금서' '해금' '복권' '서랍 속의 원고' 등으로 점철된 폴란드의 냉전의 아픔을 기억하는 세대로서 필자는 깊은 상념에 잠기게 된다. 그리고 그때마다 이렇게 많은 거장들과 이렇게 많은 학자들이 있었는가, 폴란드의 깊이에 새삼 놀라곤 한다.

I. B. 싱어나 예쥐 코신스키와 같은 작가의 대중 소설을 읽은 사람이면 누구나 폴란드 이민에 관한 이야기 하나 정도는 접한 경험이 있을 것이다. 싱어는 폴란드계 유대인으로 이디쉬어 창작을 일관하면서 노벨문학상까지 수상한 작가이고, 코신스키는 미국에 건너가 영어를 배워서 작가로 성공한 케이스다. 싱어의 바르샤바 회상 이야기들은 이미 고전이 되어 세계 각국의 언어로 읽히고 있다. 폴란드 출신의 작가들은 남겨야 할 이야기를 너무도 많이 가지고 태어난다. 바르샤바 출신의 유대계 작가이든, 리투아니아 출신의 슬라브계 작가이든 모두 폴란드의 이야기가 많다. 노벨상을 수상한 유대계 러시아인 브로쯔끼나 리투아니아의 벤쯸로바 같은 시인들은 모두 일종의 '의무감'과 '경외감'을 가지고 폴란드어를 마스터해서 폴란드 문학인들과 교류한 대가들이다.

폴란드의 봉기와 흩어지는 폴란드인

폴란드 이민이 본격화되는 것은 19세기 후반이지만, 폴란드 이민 역사는 그보다 이전으로 거슬러 올라간다. 주변 3개 국가에 의한 3번의 폴란드 분할(1772, 1793, 1795)의 시기에도 많은 사람들이 폴란드를 떠난다. 이후의 폴란드 역사 200년은 해방과 독립을 위한 시기였다. 나라가 사라지는 순간부터 제2차세계대전 중에 벌어진 '바르샤바 봉기'까지 봉기와 반란이 폴란드 땅에서 끊이질 않았다. 부와 명예를 누리던 한 인간의 경우에도 파산이나 다른 이유로 나락에 떨어질 때는 그 개인 사에 말로 다 못할 드라마가 생겨나기 마련이다. 지구상에 폴란드라는 나라가 사라지기 전, 우리가 기억하지 못하는 15~16세기 폴란드는 유럽에서도 초강대국이었다. 그런 폴란드의 멸망 과정은 아직도 여러 가지 해석을 낳고 있지만 한 가지 확실한 것은 역사상 유래가 없는 독특한 봉기와 항쟁의 드라마를 연출했다는 점이다. 마찬가지로 이런 독특한 체험에서 오는 종교적, 예술적, 정신문화적인 특수성 면에서도 폴란드는 많은 시사점을 던져주고 있다.

폴란드 역사에서 전개된 수많은 봉기와 지배 강국에 대한 반란은 각각이 한 편의 드라마였다. 각 시기별로 주체 세력이나 봉기가 일어난 장소, 대항 세력에 차이가 있고 전개되는 양상도 제각각이었지만, 대부분 국제 정세에 따라 희생자의 수나 피해의 규모가 좌우되는 불행하고 비극적인 결말을 맺었다. 매번 막대한 희생을 치러야 함에도 불구하고, 저항하는 것이 이 민족에게는 좋건 싫건 일종의 전통이 되어 버렸고, 그만큼 폴란드의 종교나 문화는 어쩌면 다른 어느 곳보다 '인간적인' 모습을 취득하게 되었다고 말한다면 지나친 비약일까. 폴란드가 사라지는 바로 그 순간에 발생한 '꼬슈츄슈꼬 봉기(1794)'에서 시작하여 '11월 봉기(1830)' '1월 봉기(1863)'와 같이 그저 일어난 시기만으로 명명하는 것이 가능한 봉기도 많다. 별다른 이름을 붙이기 어려워서가 아니라 그 시간과 그 장소에서 겪어야만 했던 고난의 무게를 다른 어떤 형용어로도 수식하는 것이 불가능했기 때문은 아닐까. 일기를 기록하는 인간의 본능과 마찬가지로, 폴란드인들은 그 날짜로 된 이름들을 통해 봉기의 수많은 사연과 아픔을 면면히 기억하고자 하는 것이다.

꼬슈츄슈꼬의 초상.

1848년 전 유럽적 분위기에 고무되기 이전부터, 프랑스혁명의 정신과 그 이후 나뽈레옹의 군대에 희망을 걸고 타국 군대 속 군인의 길을 택한 폴란드인이 셀 수 없이 많았다. 1812년 나뽈레옹의 무모한 모스끄바 원정 때에도 패배하고 후퇴하는 군대 내에는 수천 명의 폴란드 군이 포함되어 있었다 한다. 그 전설적인 '꼬슈츄슈꼬 봉기'에서 영웅이었던 얀 헨릭 돔브롭스끼 장군이 당시 폴란드부대 총 지휘자였다. 바로 그의 부대 군가가 현재의 폴란드 국가로, 1797년 이딸리아 전선에서 만들어진 '돔브롭스끼 마주르까'가 그것이다. 서정적 리듬이 특징이며, 국가 중에서 가장 아름다운 음악이라고 감상적으로 말하는 사람도 적지 않다.

'꼬슈츄슈꼬 봉기' 후에 국외로 흩어진 폴란드인의 숫자는 명확한 기록이 남아 있지 않지만 빠리를 중심으로 함부르크, 드레스덴, 베네찌아, 이스땀불 등에 상당수의 폴란드인이 이주해 살기 시작했다고 한다. 돔브롭스끼 장군 휘하의 군단은 최전성기인 1797~1803년 사이에 장교가 8백 명, 병사가 2만 명에 달했다. '11월 봉기' 실패 후에는 약 9천 명이 해외로 빠져나갔고 이어 1830년대에도 그 흐름이 계속되었다. 1848~1849년의 '인민의 봄'이라 불리는 혁명에는 각지에 흩어져 있던 많은 폴란드인이 이딸리아, 독일, 헝가리, 루마니아 등 각지에서 '그들과 자신들 모두를 위하여'라는 슬로건 하에 투쟁했다.

언어문화를 통해 살아 숨쉰 폴란드의 정체성

우리가 아는 폴란드 문학 중 19세기 문학은 프랑스 빠리가 그 중심지 역할을 한다. 미쯔께비치, 스위바쯔끼, 노르비드 등의 폴란드 낭만주의 대시인들이 망명지에서 주옥과 같은 시를 통해 민족의 정체성과 자존심을 지켜낸다. 물론 쇼팽도 프랑스에 있었다. 쇼팽의 음악이 고국의 폴란드인들에게 얼마나 큰 정신적 위로였는지는 상상이 가능하다. 흔히 여러 피아니스트들이 말하는, 폴란드인이 아니면 이해할 수 없는 쇼팽 신화라는 게 다소 감정적인 판단일 수는 있겠지만, 그 어려운 시기의 쇼팽 음악에 담긴 폴란드 역사는 문학과 함께 폴란드의 정신적 지주였을 것이다. 폴란드 낭만주의라고 하지만 그 '낭만주의'의 의미가 다른 문학사와 구분되는 것은 바로 미쯔께비치를 봐도 알 수 있으며 러시아의 뿌슈낀과 비교해도 그의 정신적 고뇌는 전혀 다른 차원의 세계라 하겠다.

민족시인 아담 미쯔께비치(1798~1855)는 프랑스에서의 문학 강의를 통해서도 이름을 남기게 되지만, 그보다는 끄리미아(끄림) 전쟁 한복판에서 터어키군에 기대어 러시아 타도를 위한 의용군 결성을 추진하다가 콜레라에 쓰러진 일대기가 그를 민족시인으로 남게 했다. 3국 지배의 시기 문학사에서도 미쯔께비치의 의미는 각별하며 폴란드 낭만주의 정신의 핵심에는 이러한 시인들의 문학정신이 불타고 있었다. 노르비드와 같은 시인은 쇼팽에 관한 자신의 시에서 외래어인 쇼팽의 이름을 폴란드식으로 'Szopen'이라 표기했을 만큼 당시의 시인들에게는 자신들의 시 세계 안에 폴란드가 살아 숨쉰다는 일종의 책임감이 자리 잡고 있었다.[2] 부친이 프랑스계인 쇼팽의 이름을 폴란드인들은 보통 프랑스식으로 'Chopin'이라 쓰고,

발음은 외래어 발음 규칙에 따라 '쇼뺑'으로 하는데, 시인은 이를 철자법까지도 폴란드 발음 그대로 적고자 했던 것이다. 그만큼 폴란드인들에게 쇼팽의 음악은 그가 살아 있던 당시에도 이미 폴란드 역사와 정체성 그 자체였으며, 결코 잃어버릴 수 없는 절실하고 귀한 자산이었던 것이다.

바르샤바의 유대인들

관용의 나라 폴란드

지리적으로 유럽 대륙의 중심에 위치하는 폴란드는 '유럽의 심장'으로 불리기도 한다. 체코와 폴란드는 오래 전부터 자신들이 유럽의 정 중앙이며 '중부유럽'임을 자부하고, 유럽 정신의 결정체는 자신들의 문화 속에 담겨 있다고 여겨왔다. 이는 유럽과 아시아의 중앙에 위치하여 유라시아라는 특성이 자주 거론되는 러시아와 비교하면 매우 흥미로운 대목이다. 러시아가 유럽 문화권에 속하는가 아닌가는 늘 논쟁의 대상이 되어 왔지만, 체코와 폴란드는 러시아와는 달리 문화적인 면에서 종교개혁, 르네쌍스와 같은 경험을 서유럽과 공유하면서 동시에 같은 슬라브권인 러시아, 우끄라이나, 불가리아 등과도 언어문화적인 공감대를 공유해 왔다. 이 두 문화권을 포괄한 중부유럽이라는 의식은 체코와 폴란드의 정신사에서 중심을 차지해 왔으며, 서구와 러시아 양쪽에 대하여 항상 어느 정도 정신문화적인 여유를 가져온 측면도 없지 않다. 특히 폴란드는 그 방대한 영토와 문화적 자부심으로 오랜 세월 타국가나 타문화에 대한 '관용'의 역사를 자랑해왔다.

특별한 전문지식이 없더라도 제2차세계대전 중 아우슈비츠(폴란드어 원 지명은 '오슈피엔침')의 유대인 학살이 폴란드 땅에서 일어났다는 사실은 이 시기를 다룬 수많은 영화들을 통해 우리에게 잘 알려져 있다. 그러나 현재의 폴란드는 인구의 98%가 민족적 동질성을 유지하고 있으니 과연 바르샤바 인구의 30-40%가 유대인이었던 시절이 있었는지 의심스러울 정도다. 우리나 일본과 같은 나라에서는 매우 자연스럽지만 같은 유럽의 국가나 미국에 비하면 기묘한 민족 구성이다. 하지만 현재의 폴란드가 이러한 기묘한 단일민족(이러한 개념은 사실은 허구에 지나지 않지만 우리말로는 일단 이렇게 부르자)의 국가가 된 것은 제2차세계대전 이후의 일이다. 그 이전에는 폴란드도 다민족 국가였고 사실 폴란드인이라는 것이 어떤 사람을 말하는지 명료한 개념이 없었다 해도 좋을 만큼 민족적으로나 문화적으로나 관용이 전제된 국가였다.

폴란드인은 누구인가

민족학적으로도 언어문화적으로도 폴란드인은 러시아, 체

코, 쎄르비아 등과 같은 슬라브계에 속한다. 체코와 슬로바키아와 같은 서슬라브권 나라들과는 언어도 매우 비슷할 만큼 동질성을 유지하고 있다. 한편 영토 왼쪽으로 이웃인 독일은 게르만계인데, 말은 전혀 통하지 않지만 두 국가 간 혼혈의 역사가 깊어서 외관으로는 독일 사람과 폴란드 사람을 구분하기가 그리 쉽지는 않다. 물론 폴란드라는 국가가 형성되면서 고유의 민족의식은 존재했을 것이다. 신성로마제국의 외부에 자신의 국가를 세운 것이나, 종교개혁 당시 주변 국가들과는 달리 자신들의 종교를 고수한 점으로 보아도 분명 역사적으로 민족의식이라 부를 만한 것이 꾸준히 축적되어 왔다. 하지만 여전히 폴란드인이란 누구인가에 대한 답은 시대에 따라 다르게 내려질 것으로 본다.

당초 폴란드 땅에서는 매우 협소한 범위로 민족의식이라 할 만한 것이 존재했다. 일개 지배층 일족의 귀속의식 정도라고나 할 만큼으로, 이는 바꿔 말하면 폴란드의 지배층이 오랜 세월 민족적 문제에 대해서는 매우 관대했다는 뜻도 된다. 14세기에 이르러 리투아니아에서 국왕을 맞이하여 새로운 야게위 왕조를 창시하면서 이러한 경향은 더욱 강화되었다. 15세기에 만들어진 귀족공화제에서는 공화국의 구성원이 바로 폴란드인을 의미했다. 당시 지배층에는 폴란드인, 리투아니아인, 벨로루시아인, 우끄라이나인, 독일인 등 다민족의 구성원들이 섞여 있었으며 그들이 곧 공화국 시민이자 폴란드인이었다. 차츰 공용어로 폴란드어를 사용하는 경향이 커져갔지만 오랜 기간 라틴어가 공용어였고, 폴란드 문학사에는 라틴어로 된 문학작품이 방대한 영역을 차지하고 있다. 물론 양쪽의 언어로 창작을 한 작가도 없지 않았다.

폴란드를 대표하는 음악가 '프리데릭 쇼뺑'이 프랑스식 '프레데릭 쇼팽'으로 잘 알려진 것도 상징적이지만, 폴란드를 대표하는 시인 아담 미쯔께비치도 엄밀하게 이야기하면 리투아니아에서 태어난 리투아니아인으로 평생 자신의 고향에 대하여 자부심이 대단했다. 최근에는 유대계 혼혈이라는 주장도 나오고 있어서 민족을 따지면 더욱 복잡해지는데, 중요한 것은 폴란드에서는 그 누구도 그가 폴란드인임을 의심하지 않는다는 사실이다. 폴란드어로 창작을 했다는 점만으로도 그가 폴란드 문학에 속한다는 것이 당연한 판단이지만, 시인 자신도 폴란드인으로서의 정치의식을 가지고 있었다. 어찌 보면 이러한 민족의식은 근대 이전의 지배계급에게는 매우 자연스러운 것이었다고 할 수 있을 것이다. 더군다나 리투아니아는 폴란드와 왕을 공유하는 연방제를 이룬 적도 있어서 마치 리투아니아가 원래 슬라브권에 속하는 줄로만 아는 사람도 많다.

리투아니아는 슬라브계가 아니고 원래는 발트계에 속하는 소수민족이었다. 13세기에는 방대한 영토의 리투아니아 대공국을 이루기도 했는데 당시 국민의 상당수가 동슬라브계인 벨로루시아인과 우끄라이나인이었다. 이들 민족은 16세기 폴란드와의 연합을 계기로 모두 폴란드의 구성원이 된다. 이후 이들 나라와 폴란드와의 경계선이 여러 번 바뀐 탓도 있어서 이들 3개 슬라브권 국가들의 국경 근처 지명은 지금도 매우 혼란스럽고 시대에 따라 3개 국어 중 신중하게 선택해야 하기에 전문가들에게도 큰 어려움을 주고 있다.

한편 독일인은 중세 때 폴란드의 요청으로 이교도와 싸우는 기사로 불려오기도 하고, 농민이나 수공업자들도 이주 대상이 되곤 했다. 봉건영주가 되면서 폴란드왕에게 충성하는 독일인은 줄어갔지만, 16세기까지 상당수의 독일인이 폴란드에 동화되었다고 보아야 한다. 한편 유대인은 중세에 서유럽의 대박해를 피해서 당시 종교적으로 관대한 폴란드로 흘러들어온다. 토지 소유가 제한되는 등의 이유로 주로 유대인들은 도시로 모여들었고, 도시 내의 게토라는 특정한 지역에 거주하면서 상업과 금융업을 통해 부를 불려나갔다.

폴란드와 유대인의 관계

엄밀하게 따지면, 유대인과 폴란드의 관계는 천 년 전으로 거슬러 올라간다. 폴라니에(Polanie)족에 의한 통일국가가 형성되기 이전부터 유대인은 현재의 폴란드 땅과 관계가 있었다고 보는 연구가도 있다. 일찍이 11세기 초부터 유대인 상인이 폴란드에 정주했으며 중세 유럽 각국에서의 유대인 추방이 영국(1290), 프랑스(1306), 스페인(1492), 포르투갈(1496) 등에서 계속되는 상황도 폴란드와 유대인 관계에 영향을 주게 된다. 14

세기 후반부터 15세기에 걸쳐서는 주로 독일에서 박해받는 대량의 유대인 이주자가 생기면서 폴란드의 유대인 인구는 빠르게 증가한다.

당시 폴란드의 정책은 유대인의 신분을 보장하고 신앙과 거래, 장소 선택의 자유를 허용하는 한편 토지의 소유는 보장하지 않는 것이었다. 도시인구의 거의 절반이 유대인이었던 곳도 있었다. 물론 당시 서유럽의 교회는 폴란드가 너무 유대인에 관대하다는 비난을 퍼부었다. 17세기 말 독일의 마녀재판에 하층민들이 희생되는 상황에서도 폴란드 내 유대인 상업은 안정적이었다. 유대인 교회의 전통도 유지되고 있었고, 폴란드와 합쳐진 리투아니아에서는 탈무드학을 익힌 지식인층이 네덜란드의 유대인 사회에 파견될 정도였다.

'단일민족' 폴란드의 배경

제2차세계대전의 참상이 있기 직전 폴란드가 얼마나 다민족 국가였는지는 별개로 하더라도, 적어도 폴란드라는 나라가 지구상에서 123년간 사라지기 이전의 통계를 보자. 폴란드 분할이 시작되는 1790년대 초의 통계를 보면, 로마카톨릭 교도(주로 폴란드인과 리투아니아인)가 53%, 그리스카톨릭교도(주로 우끄라이나인과 벨로루시아인)가 29%, 정교도가 3%, 유대교도가 10%였다.

차츰 폴란드 귀족의 봉기를 거치면서, 또 그 외 여러 요인으로 123년간 주변 강대국의 분할 통치 하에 놓이면서 폴란드 민족주의가 강화되는 것은 필연적이었다. 그 과정에 대한 자세한 언급을 생략할 수 있지만 1918년 드디어 폴란드가 독립을 회복하던 그때, 소수민족 문제는 복잡해진다. 전 국민의 3분의 1이 폴란드인이 아닌 상황에서 이는 매우 민감한 문제가 될 수밖에 없었다. 제2차세계대전 결과 국경선에 따라 수백만 명이 오랜 시간을 살아온 땅을 떠나거나 주민교환 등의 형태로 이주 당한다. 특히 위에서 언급한 3개국 간은 물론 독일과 폴란드의 국경변화도 큰 문제를 불러일으켰다. 그러나 아마도 가장 비극적인 일은 나치스 독일군에 의한 유대인 절멸정책으로 인한 인구 구성비 변화였을 것이다.

전쟁 전 폴란드에는 유럽 최대의 유대인 인구가 있었다. 1931년 통계를 보면 300만 명 정도로 이는 전 인구의 10%에 해당하는 엄청난 숫자였으며, 바르샤바의 경우에는 전 인구 93만 명 중 33만 명이나 되었다. 나치스 독일의 희생이 된 폴란드인은 유대인을 포함하여 600만 명이라 한다. 나치스가 살육한 각국의 유대인 전체는 510만 명으로 알려지고 있다. 이들 중 폴란드의 유대인이 270~300만 명을 차지하는 것이다. 제2차세계대전 중 인구 천 명당 사망자가 220명이라는 폴란드의 상황은 분명 엄청난 희생이다. 산술적인 비교는 피하고 싶지만, 역시 막대한 인명이 희생된 쏘련의 천 명당 103명이라는 통계와 비교해보아도 그 두 배가 넘는 수치다. 다섯 명 중 한 명이 사라진 현실을 상상이나 할 수 있단 말인가. 간신

20세기 초 바르샤바 빈민가의 유대인 수공업자.

히 살아남은 폴란드계 유대인은 겨우 50만 명 정도로, 이 중 폴란드 국내에서 살아남은 사람은 10만 명 정도라 한다.

전후 거의 단일민족으로 구성된 폴란드의 아픔은 바로 이것이다. 그리고 그것은 분명 바르샤바의 아픔이기도 하고 바르샤바의 정체성과도 관계가 있다. 바르샤바에 살다보면 그 어느 곳과도 다른 한없는 따스함과 자유로움이 느껴지는 순간이 있다. 이 세상이 아닌 듯 느껴지는 어떤 지적이고 인간미가 넘치는 순간을 온몸으로 체험하기도 한다. 하지만 이러한 분위기 이면에는 그 어떤 아픔과 향수가 늘 동반된다. 침입자에 대한 수많은 민족 봉기와 희생의 역사 속에, 타자에 대한 원대한 관용과 잔인한 배타주의가 항상 공존했다. 마치 신이 인간의 모든 극단적인 어리석음을 실험한 자신의 놀이터와 같은 장소에 남아 계속 떠돌고 있는 듯한, 말로 표현하기 어려운 어떤 기운이 있다. 소위 다민족 국가라는 미국이나 유럽에서 맛

보는 '외국인' 처지를 유독 바르샤바에서는 덜 느끼는 것은 왜일까, 필자는 늘 생각해본다. 세상 어디에도 단일민족 국가는 존재하지 않는다.

바르샤바와 쇼팽(1810~1849)

프랑스의 쇼팽과 폴란드의 '쇼뻰'

17세까지 청년 쇼팽은 폴란드를 떠난 일이 없었다. 바르샤바가 그의 주요 활동무대였다. 18세가 되어서야 베를린을 가 보고, 19세가 되어서는 비엔나에서도 유명해졌다. 첫사랑을 경험하고 가곡을 작곡하는가 하면 협주 작품도 시도하는 등 왕성한 창작열에 불타고 있었다. 태어난 곳은 바르샤바 근교 '젤라조바 볼라'이고 부친은 프랑스계 폴란드인이었다. 부친 미꼬와이 쇼팽(프랑스식으로는 니꼴라 쇼팽)은 1771년 프랑스 태생으로 16세 때 바르샤바로 이주했다. 당시 폴란드는 그 이전의 화려한 시대가 저물어 가고 있었고 이후 한 세기 넘게 지속될 비극의 시대가 다가오고 있었다. 니꼴라가 바르샤바에 도착한 지 몇 년 안 되어서 주변 열강에 의한 폴란드 분할이 시작되었으며 그도 가담한 폴란드인들의 봉기가 결국 참패하자, 니꼴라는 좌절에 빠진다. 결국 니꼴라는 바르샤바에서 프랑스어 교사로 새 삶을 꾸려나간다.

니꼴라는 독일어와 프랑스어가 뛰어난 어학의 천재로 폴란드에 오자마자 금방 현지어를 마스터해 모국어처럼 자유롭게 구사하였다고 한다. 그가 프랑스를 떠난 것이 실은 12세경일 것이라는 연구까지 나와 있어, 프랑스 시골 출신의 가출 소년이 필자가 처음 니꼴라 쇼팽에 대해 가졌던 이미지였는데, 그에 대해 좀 더 알아갈수록 상당한 교양인이었다는 느낌이 든다. 볼떼르를 애독하고 악기(플룻과 바이올린인 듯)와 책을 들고 폴란드에 들어온 니꼴라는 이주 후에는 폴란드 문학과 역사에 대한 문헌도 차차 독파하기 시작하여, 후일 그의 집에서 열리는 티타임은 마치 문학 쌀롱과 같은 분위기였고, 밤이면 대학교수와 문학

쇼팽 최후의 사진.

자들이 모여들어 프랑스 낭만주의나 폴란드 문학에 대한 열띤 토론을 벌이곤 했다고 한다.

한편 니꼴라는 플룻 연주도 상당한 수준이었다고 전해진다. 후일 아들 쇼팽이 13세 소년 시설 귀족들 파티에서 연주한 장면을 보도한 바르샤바의 한 신문에 의하면 "아마추어 쇼팽이 리스트와 견줄 만한 솜씨를 보여주었다"고 하니, 당시의 아마추어 연주 수준이란 것이 어느 정도인지 짐작이 가능하다. 니꼴라는 어디에서 플룻을 배웠을까. 여러 가지 각도에서 연구가 나오고 있지만 쇼팽의 부친에 대하여는 아직도 충분한 자료가 없다. 여전히 그가 어떤 존재였는지, 어떤 성장 배경의 소유자이며, 프랑스를 떠나 폴란드에 이주한 자세한 동기가 무엇인지 쇼팽학자들은 이러저러한 가설을 내세우며 조사중인 듯하다.

니꼴라와 폴란드 여인 유스띠나 크쉬자놉스까가 1806년 결혼하여, 1810년 쇼팽이 태어난다. 위에서 니꼴라의 폴란드 이름을 미꼬와이 쇼팽이라 했는데, 폴란드어로 정확하게 발음하자면 '미꼬와이 쇼뻰'이 더 가깝다. 그의 아들 이름은 '프레데릭 프랑수아 쇼팽'으로 흔히 표기하지만 폴란드식으로 발음을 표기하면 프리데릭 프란치쉑 쇼뻰(Fryderyk Franciszek Szopen)이 된다. 하지만 폴란드에서도 일반적으로 그의 성만은 대부분 'Chopin'으로 표기하기에 폴란드어로는 'Fryderyk Chopin'이 가장 일반적인 표기라 하겠다. 우리말 표기는 현재는 '프레데릭 쇼팽'이 일반적이다. 의식적으로 '프레데릭'이라 표기한다면 엄밀하게 보아 그를 프랑스 음악가로 보려는 시각이 배어 있는 것이다.

그를 폴란드 음악가로 보는 필자는 '프리데릭 쇼뻰'이라고 표기하는 것이 좋다고 판단한다. 폴란드어 입장에서는 일종의 외래어이므로 읽기는 폴란드어 식의 외래어 음독을 하여 '호 뺀'이 아닌 '쇼뺀'으로 읽고 있다. 쇼팽의 이름에 대해서는 필자가 바르샤바에서 통역이나 관광가이드를 하면서 가장 많이 받는 질문이기도 했기에 여기서 자세히 설명한 것인데, 그의 국적에 관한 전형적인 한국식 질문에 대하여는, 그 이름을 프랑스식으로 읽는다면 그는 프랑스인이 되고 폴란드식으로 읽는다면 폴란드인이라고 답하곤 했다. 한국은 프랑스를 좋아하니 모두 쇼팽이라고 부르는 것은 아니냐고 마치 폴란드 사람인양 너스레를 떨곤 했는데, 여기서 필자는 덧붙여 프랑스어라도 영어식으로 '파리' '쇼팽'으로 표기하지 말고 좀 더 올바른 표기를 주장한다. 우리에게 상식으로 되어 있는 '쇼팽'도 불어식으로 제대로 표기하려면 '쇼뺀'이 맞다.

폴란드의 음악가 쇼팽

피아노에 가장 어울리는 음악을 만들었다는 전문가의 평을 필자는 잘 모르겠지만, 쇼팽의 음악은 가령 폴란드 중부와 출생지역의 전통 리듬을 살린 동시에, 쇼팽 동시대에 유럽 전 지역에 퍼져 있던 춤곡으로 유명했던 리듬을 잘 반영한 마주르

까처럼 지극히 폴란드적이면서도 전 유럽적인 특성을 가진다. 바르샤바 시절에 이미 음악가로서 완성되었다고 하는 이유도, 그리고 그가 폴란드의 음악가임이 자명한 이유도 바로 이 점에 있다 하겠다. 쇼팽은 태어난 지 6개월 만에 생지에서 가까운 바르샤바로 이주한다. 니꼴라가 바르샤바에서 프랑스어 교사 자리를 얻어 가족 전체가 이사를 하게 되었던 것이다. 그는 차츰 평범한 교사 신분에서 프랑스식 교육 기숙제도를 손수 운영하게 되는 지위에 이르러, 쇼팽 일가는 쇼팽이 7살 때 까지미에슈 궁정에서 지낸다.

이 건물은 현재 바르샤바 대학 내의 대학본부가 있는 곳으로, 필자는 이 건물 안에 있는 폴로니쿰(폴란드 언어문화 센터)에서 수업을 받으며 폴란드 생활을 시작했다. 당시 니꼴라는 이 건물에 사는 바르샤바 최고의 문화인들과 교류할 수 있었으며, 그 중에는 후에 쇼팽의 스승이 되는 지브니(W. Zywny)와 엘스네르(J. Elsner)도 있었다. 최근에 나오는 쇼팽 연구서를 보면 당시의 교류에 대한 증언과 회상이 자세히 언급되고 있다. 쇼팽 일가는 매우 화목하고 유복한 생활을 한 것 같다. 그의 주변에는 문학자, 철학자, 화가, 음악가 등이 모이는 쌀롱 모임이 빈번했고, 어린 쇼팽은 병약했지만 어른들이 해주는 폴란드 역사 이야기를 듣고 나면 바로 피아노 앞으로 달려가 연주를 시작했는데 모두 눈물을 흘릴 만큼 훌륭한 것이었다고 한다.

당시 주변에 있던 사람들 중에는 폴란드 국문학자로 역시 후일 쇼팽을 가르치게 되는 사무엘 린데(Samuel Linde, 1771~ 1847)가 있었는가 하면, 폴란드의 국민시인 아담 미쯔께비치 (Adam Mickiewicz, 1798~1855)도 있었다. 그 면면이 폴란드 문화의 중심이라 할 수 있는 사람들 사이에서 성장한 쇼팽의 배경이 폴란드인에게 갖는 상징적 의미는 매우 큰 것일 수밖에 없다.

탄생과 성장

쇼팽이 태어난 19세기 초는 유럽의 나뽈레옹 전쟁 시대였다. 폴란드는 이미 18세기 말 지상에서 사라졌고, 엄밀하게 이야기하면 쇼팽이 태어난 땅에 국가로서 폴란드는 이미 존재하지 않았다. 프랑스군이 프로이센을 무찌르고 폴란드에 진군하여 그 지역에 바르샤바 공국이라고 하는 폴란드인 정부를 부활시키는, 동란기라 불러도 좋을 혼란의 시기였다. 즉, 폴란드가 멸망해서 123년간 국가 형태로는 존재하지 않게 되는 기간의 초반부에 나뽈레옹의 협력을 얻어 분할 전 폴란드의 일부 지역이 임시국가의 형태로 일시적으로나마 부활된 시기가 있었던 것이다. 니꼴라(미꼬와이) 부부에게 1807년 첫 딸에 이어 1810년 프리데릭이 태어난다. 생지는 니꼴라가 가정교사로 부임한 바르샤바 근교의 젤라조바 볼라인데 문제는 쇼팽이 태어난 날짜에 대하여는 아직 확실하게 정해지지 않고 있다는 사실이다. 쇼팽 자신은 3월 1일이라고 하지만 공문서와 기념비는 2월설을 채택하고 있다. 이는 쇼팽 연구에서 미해결의 문제 중 하나로 남아 있다.

바로 그해 가을 쇼팽 일가는 바르샤바로 이사한다. 미꼬와이가 바르샤바 고등학교에 직장을 얻었기 때문이다. 저학년의 프랑스어 교사로 시작했지만 곧이어 고학년의 프랑스어문학 강의를 위한 교수의 지위를 얻게 된 것이다. 현재는 무명용사의 비가 남아 있는 싸스끼 공원 자리에 있었던 학교 건물에 쇼팽 일가는 거주한다. 미꼬와이는 지방 학생들을 위한 기숙사를 만드는데, 차츰 이 기숙사는 고급 기숙사 학교로 명성을 얻는다. 일가에 두 명의 딸이 더 태어난 곳도 이 싸스끼 궁 시절이었다.

1814년 나뽈레옹 실각으로 '바르샤바 공국'도 소멸하며 폴란드는 멸망 후 잠시 찾아온 재건의 꿈을 완전히 접어야만 했다. 바르샤바는 다시 러시아 지배를 받는다. 비인 회의의 결정에 따라 바르샤바 공국을 토대로 한 '폴란드 왕국'이라는 것이 만들어지지만 형식적으로만 주권국가일 뿐, 폴란드왕을 러시아 황제가 겸하는 일종의 러시아 속국에 지나지 않았다. 말하자면 주변 3국의 분할에 의해 폴란드가 멸망하고, 그 중 하나인 러시아가 바르샤바를 포함한 지역 지배를 계속하게 되었다고 보면 이해하기 쉬울 것이다. 폴란드군 사령관도 물론 러시아인이었다. 싸스끼 광장에서 군대 행진과 사열이 진행되면서 고등학교도, 쇼팽 일가도 새로운 장소를 찾아야만 했다. 마침 *끄라꼽스끼에 프쉐드미에슈체* 거리에 설립되고 있었던

바르샤바 고교 신 교사 건물. 가운데가 까지미에슈 궁으로 현재 바르샤바 대학 본부 건물.

바르샤바 대학 옆 까지미에슈 궁이 선택되었다. 4명의 아이들을 데리고 쇼팽 부부는 1817년 신학기부터 이 건물 본관 우측 별동 3층에 입주한다. 같은 건물 아래층에는 고등학교 교수들이 살았고, 1816년 창립된 바르샤바 대학의 교수들도 여기에 살게 된다. 이전보다 넓은 공간을 얻게 된 쇼팽 가족은 가정부와 바르샤바 대학생 가정교사도 둔다.

쇼팽 일가는 여러 가지 면에서 음악적인 분위기 속에서 생활한다. 어린 쇼팽은 늘 피아노 소리에 민감하게 반응을 보였다. 피아노 소리를 듣고 눈물과 웃음으로 표현하는가 하면 신나게 놀다가도 피아노 소리가 나면 무서운 집중력을 보였다고 한다. 여섯 살의 쇼팽은 귀로 듣는 모든 소리를 피아노로 연주하고, 새로운 멜로디를 생각해내면서 즉흥적으로 곡을 만들어보기도 했다. 곧 바로 어린 쇼팽은 60세의 지브니 선생을 가정교사로 추천받는다. 지브니 선생은 걸어 다니는 일화집이라고 불리는 사람이었다. 1756년 체코 출신의 이 음악 선생은

어린 쇼팽이 피아노에 앉으면 부친 니끌라의 기숙사생들이 모여들어 모두 집중해서 듣곤 했다.
(Roger Viollet 촬영/ Orion Press).

피아노와 바이올린에 능하였는데 프리데릭에게는 이상적인 교사였다. 18세기 독일 음악을 선호한 선생은 주로 바하, 하이든, 모짜르트를 어린 쇼팽의 피아노 교육에 소개했다. 당시 바하는 그다지 널리 알려지거나 선호되지 않았던 시기였다. 프리데릭을 가르치는 교육의 모든 과정은 놀라움의 연속이었다고 한다. 모짜르트에 버금가는 신동으로 프리데릭에 대한 소문은 전 바르샤바에 퍼져나가기 시작했다.

일곱 살의 작곡가

일곱 살의 프리데릭을 보고 놀라지 않는 사람은 없었다. 피아노 연주도 손놀림도 즉흥적인 곡 만들기도 모두 매우 비범했다. 가장 놀라운 것은 그 나이에 당시 바르샤바 음악가들도 놀랄 만한 곡을 작곡해 보였다는 점이다. 그가 작곡한 최초의 곡으로 알려진 뽈로네즈 곡들은 당시 모친이 자주 연주하곤 했던 작곡가 미하우 오긴스끼의 영향이 엿보이는 곡이라 한다. 원곡보다 섬세하고 세련된 재창조로서의 이 뽈로네즈 곡들에서 이미 쇼팽의 독자적인 음악 세계가 시작되고 있었다. 어린 쇼팽의 상상력을 자극한 뽈로네즈의 리듬은 평생 그의 음악에 영향을 미친 듯하다.

부친이 악보에 옮긴 최초의 이 두 곡은 금방 유명해졌다. 작곡가이기도 했던 유제프 엘스네르 교수가 관여하는 출판사를 통해 쇼팽의 악보가 출판된다. 신인 작곡가의 출현에 대하여 당시 1818년 초 잡지에 실린 '1817년 출판된 국내 작품' 중 하나로 언급된 내용을 보면, 만 8세의 이 작곡가가 바르샤바 고등학교 프랑스어문학 미꼬와이 쇼뻰 교수의 아들로 음악의 천재이며 난해한 곡도 쉽게 연주하는 비범한 인물로 소개되고 있다. 흥미로운 것은 이 천재가 독일이나 프랑스에서 태어났다면 금방 각계각층의 사람들에게 주목을 받았을 것이라고 하면서, "우리나라에도 천재가 태어났다. 단지 아무도 큰 소리로 이를 알리지 않고 있어서 세상에 알려지지 않는 것"이라 적고 있는 대목이다. 바로 이 익명의 필자가 쇼팽에 관해 인쇄된 최초의 기사를 남긴 셈이다.

기사는 널리 읽혔다. 바르샤바의 무도회며, 최상류 바르샤바 귀족 쌀롱에서도 초대장이 날아들었다. 애칭 '쇼삐넥' '쇼삐네끄'로 불린 소년 쇼팽은 사교계 파티의 중요한 명사가 되었다. 모짜르트에 비교할 만한 기대주로 널리 주목을 받은 것을 보면 당시 바르샤바의 문화 수준이 매우 높았음을 알 수 있다. 쇼팽은 러시아 황제의 동생으로 폴란드군 총사령관이었던 꼰스딴찐 대공이 머무르던 벨베데르에도 초대되어 군대행진곡을 만든다. 대공은 이 곡을 오케스트라용으로 편곡하게 하여 싸스끼 광장 군대 행진에 사용하였다.

유명인 '쇼뻬넥'은 음악가 앞에서도 연주하게 된다. 당시 폴란드 출신의 피아니스트로 세계적 명성을 얻었던 마리아 쉬마놉스까도 바르샤바 방문 때 그의 연주를 들었다. 1820년 바르샤바 공연을 위해 빠리에서 온 가수 안젤리까 까딸라니도 쇼팽의 연주에 감동을 받아 "마담 까딸라니가, 10세의 프리데릭 쇼팽에게"라는 글이 새겨진 금시계를 선물했는데 쇼팽은 이를 평생 보관했다고 한다.

1823년에는 13세의 쇼팽이 자선음악회에서 연주한 것이 많은 청중을 감동시켰다고 하는데 이 사연은 마침 12세의 헝가리인 프란츠 리스트의 경이적인 피아노 연주 소식과 함께 보도되고 있었다. 전 유럽에 유명해진 리스트에 관한 비엔나 발뉴스를 접하면서 이를 자국 폴란드의 쇼팽과 같이 언급하는 기사를 보면 당시 폴란드인들이 쇼팽에 거는 기대와 자부심을 짐작할 수 있겠다. 비엔나에서 보도한 리스트의 연주 모습과 청중의 반응을 묘사하면서 폴란드의 기자는, 자선연주회에서 "쇼팽의 연주를 듣는 우리는 그러한 비엔나의 리스트를 부러워할 아무런 이유가 없다"고 하면서 바르샤바에도 리스트를

능가하는 천재가 있다고 강조하고 있다.

학생 시절의 쇼팽

1823년 쇼팽은, 생지에서 보낸 여름 휴식 후 가을에 바르샤바 고등학교에서 학업을 시작한다. 당시의 교장은 저명한 폴란드어 사전의 저자 사무엘 린데였고 물론 부친 미꼬와이가 근무하는 학교였다. 지금까지 몸이 약해서 주로 집에서 가정교사와 공부했던 프리데릭은 바로 4학년 편입생 시험에 합격했다. 이후 3년간 공부하고 1826년 졸업하게 되는데 지금으로 말하자면 조기졸업이었다. 동급생 중에는 얀 마뚜쉰스끼와 율리안 폰따나 등이 있었는데 이들은 쇼팽과 친했고 후일 빠리 시절 동안도 가까이 지내게 된다. 학교생활이라고는 하지만 거주지와 학교는 같은 장소에 있었고 교사들과도 이전부터 친하게 지내고 있었던 터라 지금 우리가 생각하는 학교 통학과는 조금 다른 분위기였으리라.

쇼팽은 자연스럽고 친밀감을 주는 학생으로 인기가 있었고, 자신도 학교생활에 만족해했다. 이미 음악가로서 신문에도 등장하는 명사였음에도 전혀 그러한 것이 장애가 되지는 않고, 이따금 광대 역할을 맡아하는 등 유머 감각과 상상력이 풍부한 청년이었다. 사색과 독서로 진지하게 보내는 시간과 자유롭게 연애를 하는 쇼팽의 모습을 여러 회상과 전기를 통해 그려보면 늘 바르샤바의 풍경과 잘 어울린다는 느낌을 받게 된다. 우등상을 받은 것은 4학년 학기말 한 번이라고 하지만 전반적으로 성적도 좋은 편이었다. 공부벌레는 아니었지만 자신이 좋아하는 것만 골라서 하는 성격이었으며, 음악에 몰두하는 시간이 가장 많았다고 한다.

방학기간은 특별했다. 기숙사에 사는 친구들의 부모들이 보내는 초대장이 무수하게 많았기 때문이다. 지방에 사는 토족이나 대지주들의 영지에서 방학을 보내곤 했다. 방학기간 중에는 자신이 글을 쓰거나 개인 통신 형태의 편지를 만들어 가족에게 보내기도 했고, 그러한 글들을 모은 문집도 현재 남아 있다. 일간 신문을 흉내 낸 개인 신문과 같은 것인데, 뉴스와 역사 코너는 물론 그를 영지에 초대한 급우에게 당시 검열관의 서명을 흉내 내어 적게 한 다음에 그 검열 지적 사항의 부당함을 시로 표현하기도 한다. "이것 보세요 검열관이여/ 꼬지 마세요 나의 혀를." 필자의 번역으로는 전달이 불가능하지만, 쇼팽의 유머와 풍자정신이 날카롭다는 것은 폴란드어 원어로 시를 읽으면 그 소리에 명쾌하게 드러난다.

뉴스는 농촌이나 동물, 마을 사람에 대한 것이지만 가끔 편집자 자신에 대한 취재기사와 'Chopin'을 가장한 'Pichon'이라는 인물도 등장하는데, 폴란드어로는 '삐숀' 혹은 '삐혼'이라는 우스꽝스러운 소리가 났을 것이다. 삐숀 씨가 어떤 일에 연루되거나 어디를 방문하거나 하는 투의 뉴스 내용은, 프랑스어와 폴란드어를 뒤섞어 말장난하는 수준을 넘어 언어유희에 가깝다. 삐숀 씨가 유대인의 혼례를 목격하고, 그 음악에 관심을 표명하면서, 앞으로의 연구에 대한 결심을 하는 등의 음악에 관한 진지한 뉴스도 나타난다. 필자가 가장 많이 참고한 쇼팽 전기의 저자 젤린스끼는 자신의 책 『프리데릭 쇼팽과 그의 음악』(바르샤바, 1995)에서 이러한 쇼팽의 글에 대하여 자세하게 분석까지 하고 있다.

쇼팽에게는 다른 재능도 있었다. 음악이 아니었다면 풍자 시인이나 화가가 되었을지도 모르겠지만, 그에 못지않게 '배우 쇼팽'에 관한 일화도 많이 남아 있다. 안드제이 주압스끼가 만든 쇼팽의 일대기를 그린 영화를 보면 복잡한 쇼팽의 내면을 '연기자 폴란드인' 쇼팽의 모습을 통해 상징적으로 잘 나타낸 장면이 있다. 영화에서와 같이 쇼팽은 다른 사람의 흉내를 내는 데 있어 그 표정과 소리, 분위기 모두를 날카롭게 재현했으며, 그 순간 쇼팽의 얼굴은 바로 그 사람이 되어버리곤 했다고 한다. 역사적인 한 인물을 연기해 보이거나, 가정 극장에서 연기하는 쇼팽은 전혀 다른 사람이었다. 당시 바르샤바에 있었던 프랑스 배우도 한 번 자신이 상업적 공연에서 연기한 역을 쇼팽이 하는 걸 목격하고 그 재능에 놀라며 칭찬을 아끼지 않았다고 할 정도이다. 그가 연극사에 이름을 남기지 않은 것이 다행인지 아닌지는 모르겠지만, 우리가 아는 쇼팽은 그의 음악 이상으로 복잡하고 신비한 인물이었음을 가령 주압스끼가 재현한 것을 봐도 상상하고도 남는다.

학교 수업과 엘스네르 교수의 레슨 이외에도 쇼팽은 수입되는 악보를 대량으로 입수하여 몇 시간이고 혼자 연구하곤 했다고 한다. 그 곡들의 스타일, 연주 효과, 새로운 소리가 그의 음악적 상상력을 자극하면서 쇼팽은 점차 대가로 커가고 있었다. 이 모두가 더욱 독창적인 자신의 음악을 만드는 과정이라고 믿었을 것이다. 당대의 가장 새롭다는 음악을 연구하는 입장이었지만, 쇼팽 자신을 매우 전위적이고 진보적인 음악가로 평가하는 연구가들도 많다. 1824년 바르샤바에서 신종의 건반악기가 고안되어 출현하자, 그것을 가장 먼저 연주해 본 사람이 쇼팽이었다고 전해진다. 당시 바르샤바의 건반악기와 피아노 제작 기술은 상당한 수준이었다. 1825년 4월 러시아의 황제 알렉싼드르는 폴란드 국왕 자격으로 국회를 소집, 회의에 참석하기 위해 바르샤바에 온다. 이를 기념하는 행사가 마련되어 마침 쇼팽은 새로 개발된 오르간 악기를 연주하였는데, 새로운 악기와 연주자 모두에 감탄한 듯, 황제는 쇼팽에게 반지를 선물했다.

1826년 10월 약관 16세의 쇼팽은 대학 수준의 음악교육을 받게 된다. 대학입학시험에 해당하는 자격시험을 치룬 것 같지는 않지만 고교의 린데 교장과 음악원의 엘스네르 교수의 결단으로, 고교 과정을 일찍 마치게 하고 대학 교육에 해당하는 음악원 학생으로 진학시킨 것으로 보인다. 프리데릭은 학장이며 동시에 작곡가이기도 한, 엘스네르 교수 지도를 받으며 '음악이론, 화성학, 작곡법'을 전공한다. 마침 이 학과 건물은 바르샤바 대학 구내에 있었다. 프리데릭은 바르샤바 대학의 국문학이나 역사학과 강의도 듣는다. 악기 연주 관련 수업도 물론 있었지만 쇼팽에게 그러한 것은 필요하지 않았을 터이고, 요즘 식으로 말하면 폭넓게 인문학적 교양을 쌓았다고 하겠다.

엘스네르 교수는 독일인 가정에서 태어났지만 폴란드인으로 사는 쪽을 택한 음악가로 무려 27편의 오페라를 폴란드어로 발표했고, 매우 폴란드적인 작품을 많이 남긴 대가이다. 교향곡, 미사곡, 오라토리오, 칸타타, 실내악, 여러 편의 마주르까, 뽈로네즈, 끄라꼬비악(끄라꾸프 지방의 민속무용) 등 무곡까지 작곡한 엘스네르를 폴란드 국민음악의 창시자로 부르는 전문가도 많다. 타의 추종을 불허하는 쇼팽의 재능을 누구보다 높이 평가한 그는, 작곡에 관하여 쇼팽에게 틀을 강요하기보다는 쇼팽 스스로 자신 고유의 길을 갈 수 있게 이끌어준 최고의 교사였다. 뿐만 아니라, 쇼팽의 재능이 피아노 음악에 가장 어울린다고 판단한 것도 엘스네르 교수였다. 교수의 작곡 경향은 보통 후기고전주의 스타일로 알려져 있으며, 쇼팽의 음악은 전통주의자의 시각에서 볼 때 의견을 달리할 수 있는 여지가 매우 많았다. 그러나 엘스네르는 쇼팽 음악이 매우 참신하고, 독창적이며, 그 매혹적 소리와 분위기가 잘 어우러진다는 점 등을 모두 살려주면서 자신의 스타일을 강요하는 일이 없었다.

당시 쇼팽의 상상력을 자극한 것은 사조로 보자면 분명 낭만주의였다. 쇼팽의 편지를 보면 당시 베버의 오페라 등 낭만주의 음악에 관심이 많았고, 시인 미쯔께비치 시집을 바르샤

유제프 엘스네르의 초상.
막시밀리안 파얀스 작 1850.

바 책방에서 구해 읽고 바로 열렬한 독자가 되었음을 알 수 있다. 전통적이고 고전적인 시각에서 보면 쇼팽의 작품은 당시 매우 새로운 스타일이었고, 그는 폴란드 낭만주의의 상징이었다. 한편 바르샤바 대학에서는 펠릭스 벤뜨꼽스끼 교수의 역사학 강의와, 까지미에슈 브로진스끼 교수의 문학론, 문체론, 미학 강의에 출석하였다. 고전주의와 낭만주의 미학 사이에 열띤 논쟁이 한창이던 당시 브로진스끼 교수는 낭만주의 옹호자였다는 점이 중요하다. 고전주의라는 것은 정확히 측량하여 규칙적인 폭으로 나무를 심어놓은 쾌적한 길이라 할 수 있지만 이는 늘 정도를 요구하는, 이탈이 어려운 길이다. 하지만 낭만주의란 말하자면 뜻밖의 여행으로 연결될 수 있는 모험의 고부랑길로, 그 길에서는 "울타리를 자유롭게 뛰어넘어도 좋다"는 브로진스끼 교수의 유명한 비유는 분명 프리데릭에게 영향을 주었을 것 같다.

한편 쇼팽 일가는 까지미에슈 궁 옆 건물에서, 현재의 바르샤바 대학 정문 건너편으로 이사를 한다. 현재 그의 심장이 보관되어 있는 성십자가 교회 옆, 미술대학이 있는 찹스끼 궁으

로 당시에는 *끄라신
스끼*라는 집안의 소
유였다. 마침 쇼팽은
시골의 자연 속에서
시간을 보내고 있었
기에, 바르샤바에 돌
아와 자신의 작업실
이 생긴 것을 보고
매우 좋아했다. 중고
피아노와 책상이 있
는 이 방을 친구에게
자랑하는 내용의 편
지도 남아 있다.

상-바르샤바 대학 앞. 쇼팽이 살았던 건물은 우측 마차가 있는
곳. 우측 멀리 보이는 것이 성십자가 교회. 왼쪽은 현재 바
르샤바 대학 정문.
하-찹스끼 궁 시대의 쇼팽가 쌀롱(꼬르베르끄의 스케치).

바르샤바에서는
이제 유명한 피아니
스트였지만 아직 쇼팽의 음악세계는 바르샤바 중심이었고, 책
방에 들어오는 새로운 악보를 열심히 사보는 수준이었다. 18세
가 되어서 드디어 쇼팽은 프로이센의 수도 베를린을 가볼 기회
를 얻는다. 베를린에서 쇼팽은 열심히 오페라를 보러 다니고,
헨델의 오라토리오에 큰 감명을 받는 등의 새로운 경험을 한다.
많은 음악가들과 인사할 기회는 있었지만 무명의 쇼팽은 주저
하고 있었다. 바르샤바에서는 유명인이지만 이 타지에서는 연
주회에 불러주는 사람이 아직 아무도 없었던 것 같다.

43

1829년 프리데릭은 졸업학년을 맞이한다. 피아노 음악에 대한 재능을 중요하게 생각한 엘스네르는 다른 학생에 비해 쇼팽에게는 교향곡이나 미사곡, 오라토리오 등을 강요하지 않았다. 협주곡을 학습하고 작곡한 것만으로도 교수는 대만족이었다. 졸업 작품으로 만든 실내악곡「피아노, 바이올린, 첼로를 위한 삼중주곡」은 19세의 작품으로 믿어지지 않는 수준이었다. 한편 관례에 따라 교수는 교육 장관에게 학생들의 학습 상황을 보고하였는데, 공문서였음에도 3학년의 쇼팽은 "각별한 천재, 음악적 천재"라고 극찬 받는다. 당시 교수는 쇼팽의 이름을 'Szopen(쇼뻰)'이라고 폴란드식 철자법으로 기입했다. 이는 사람들이 발음하는 그대로 적은 것으로 당시 바르샤바의 특정 신문은 이러한 철자법을 선호하기도 했다. 하지만 요즘의 연구가들은 굳이 '외래어'를 그렇게 표기하는 것은 무의미하다고 보는 것 같으며, 누구나 'Chopin'이라고 불어식으로 써도 그가 폴란드인이라는 사실은 변하지 않는다면서, 프랑스 국력의 상징인 나뽈레옹의 성이 이딸리아계인 '보나빠르뜨(부오나빠르떼)'였음을 상기시키는 연구가도 있다.

졸업증서는 19세의 이 천재에게 큰 의미가 없었다. 바르샤바를 벗어나 이제 비인, 밀라노, 빠리, 런던과 같은 무대를 향할 때가 된 것이다. 주변에서도 모두 그러한 생각을 하고 있다. 유럽의 음악계를 알기 위해 쇼팽을 내보내야 한다는 것이다. 하지만 부친 미꼬와이가 교육 장관에 보낸 장학금 신청서는 받아들여지지 않았다. 오케스트라곡이나 종교곡과 같은 대작을 쓴 것도 아니고, 그저 바르샤바 쌀롱에나 알려져 있는 연주가로 평가된 것이다. 그는 친구들과 1829년 7월 끄라꾸프를 거쳐, 일주일간 비인 여행을 가는 것에 만족해야 했다. 당시 비인은 합스부르크 제국의 수도이며 하이든, 모짜르트, 슈베르트, 베토벤과 깊은 관련이 있는 음악의 도시였다.

쇼팽은 비인에서 유학 중인 학교 선배와 은사를 만나 함께 도시를 둘러보는 한편, 그곳에 정착한 은사의 주선으로 연주회를 열어 성공을 거둔다. 신문에 연주회 소식과 호의적 리뷰가 실린다. 두 번의 연주회를 마친 쇼팽은 쁘라하, 드레스덴, 브로쯔와프를 경유하여 바르샤바에 돌아온다. 비인에서는 주변에 자신을 알아보는 사람이 없어서 더욱 편하게 연주하고 성공할 수 있었다고 쇼팽은 생각하였다. 귀국 후 바르샤바에서 열린 연주회도 성공을 거두고 격찬을 받는다.

이후 바르샤바 시절 동안 쇼팽은 낭만주의, 자유주의 사상의 시인, 학자, 예술가들과 어울린다. 괴테, 쉴러, 월터 스콧, 바이런, 미쯔께비치를 지지하는 친구들과 어울리는 시간을 쇼팽은 매우 즐겼던 모양이다. 묘도바 거리 주변과 현재 바르샤바 대학 거리에 있던 까페에서 친구들과 밤새 어울리며 교류하기도 한다. 주변에 모이는 청년들이 예술과 음악만 논하는 것은 아니었다. 이따금 정치 이야기로 논쟁이 벌어지기도 했다. 물론 1820년대 말 바르샤바는 반러시아적, 혁명적 분위기가 감돌고 있었다. 지배자 러시아의 정책에 대한 불만은 커져가고 있었고, 특히 군, 대학, 문학계 청년들의 심정은 달리 말이 필요 없었다. 쇼팽도 저항세력의 중심인물들과 가까웠다고 보는 연구자들이 많다.

1830년 가을 무렵, 이제 프리데릭에게 외국여행에 대한 최종 결단을 내릴 때가 다가오고 있었다. 이번에는 이삼 년이 걸릴 수도 있는 여행으로 최종 목표는 빠리 행이었다. 당시 혼란스러운 유럽의 정세 때문에 부친은 약간 망설이고 있었고, 무엇보다 러시아 당국이 여권을 발급하지 않는 경우도 많아서 여행이 가능할지가 불확실했다. 점차로 바르샤바의 정세가 불안해지자 부모는 오히려 가능한 빨리 프리데릭을 출발시키고 싶어 했다. 프리데릭은 새로운 곡을 발표하는 동시에 작별의 음악회를 열기도 하면서 마음을 다지고 있었다. 10월에는 국민극장에서 바르샤바와 조국에 작별을 고하는 연주회를 연다. 쇼팽은 여기에서 「폴란드 민요에 의한 환상곡」도 연주한다.

이러저러한 사정으로 여러 번 연기된 출발일은 결국 11월 2일로 결정되었다. 여행용 트렁크도 구입하고 모든 준비를 마쳤지만 이별의 인사를 나누고 다녀야 한다고 생각하니 너무도 고통스럽다는 내용의 편지가 남아 있다. "이렇게 나가면 영원히 돌아오지 못할 것 같다. 살아서 돌아올 것 같지 않다"는 예감이 든다고 쇼팽은 적는다. 출발 전 친구들은 송별회를 마련한다. 특별히 슬퍼하는 분위기는 아니고 모두 와인을 마시거나 쇼팽의 곡을 부르는 등 소란스러운 파티였다. 식사 후 모두 쌀롱으로 이동한다. 율리안 폰따나의 피아노 연주와 참석자들의 노래가 이어진다. 즉흥 연주와 즉흥 시 낭독으로 분위기는 절정에 이른다. 결국 쇼팽도 피아노로 향한다. "이렇게 아름다운 폴란드적인 선율이 어디 다시 있을까"라고 후일 참석자는 회상한다. 모두가 온몸으로 울고 있었다.

11월 2일 출발일 쇼팽은 역마차에 올라탔다. 그 해가 가기도 전에 고향 전체, 왕국 전체가 민족봉기로 요동치리라고는 생각조차 하지 못한 채. 마차가 출발하면서 멀리 창밖으로 교장 엘스네르와 음악원 학생들 모습이 보였다. 이 날 쇼팽을 위해 특별히 은사가 작곡한 곡을 들려주기 위해서였다. 기타 반주와 남성합창으로 송별의 칸타타가 울려 퍼졌다. "폴란드 대지에 태어난 그대여, 그 어디에 가 있더라도 음악과 함께 울려 퍼지리……." 감격한 프리데릭은 되돌아와 모두를 몇 번이고 포옹하고, 마차로 돌아간다. 다시는 보지 못할 바르샤바를 뒤로하고 그는 떠난다.

폴란드 음악 전통과 쇼팽

이후 쇼팽의 진로는 너무도 잘 알려져 있기에 생략하고, 여기서는 세계음악사는 물론 폴란드 정신사에서도 중요한 핵심을 차지하는 쇼팽의 음악이 탄생하기 이전의 폴란드 음악사를 약간 살펴보고자 한다.

폴란드의 중세란, 한편으로는 독일 및 독일 기사단과의 마찰, 다른 한편으로는 타타르의 침략을 막고 국내 통일을 강화하면서 강국으로 가는 기초를 다지는 시기였다. 문화적으로는 이딸리아, 프랑스, 독일의 문화를 흡수하면서 폴란드 고유의 문화를 정립해 나가는데, 이는 18세기 전후가 되어서야 오페라와 연극 등을 역시 같은 유럽에서 전수 받는 러시아의 경우와 비교했을 때 시기적으로 상당히 앞선 것이라 할 수 있다. 미에슈꼬 1세가 966년 로마 카톨릭으로 개종한 이후 폴란드에서는 11세기 이후 교회의 성가도 발달했고, 중세의 폴란드 음악과 문학은 기독교와 밀접한 관계를 맺으며 성장해 갔다. 14세기에는 왕도(王都) 끄라꾸프가 중부유럽의 중심지가 되었으며 폴란드 역사에서 찬란한 영광의 시대라 할 만한 야게위 왕조시대(1386~1572)가 도래한다.

한편 16세기에 들어서 폴란드는 방대한 영토의 연합 왕국을 이루어 황금기를 풍미한다. 폴란드 고유의 토족이 실권을 갖는 왕국으로, 주로 이딸리아의 르네쌍스 문화를 흡수하면서 독자의 문화를 형성해나간다. 이 시기에 폴란드 고유의 성악곡, 무곡이 계속 작곡되었으며, 궁중이나 귀족은 전속 악단을 운영하고 도시에는 직업 음악가가 나타났다.

17세기부터 18세기 중반까지의 폴란드는 경제가 어려워지고, 안팎으로 계속되는 전쟁에 시달렸으며, 토족이 몰락하고 귀족의 권력이 강화되었던 시기다. 음악에서는 이딸리아의 영향이 여전히 지배적인 한편 민족 고유의 리듬과 토속 음악을 반영한 폴란드 고유의 음악이 탄생하는 시기이기도 했다. 바르샤바의 궁정에 이딸리아의 음악가들이 방문하면서 궁정 악단이 국내외 연주가와 작곡가들의 활동 중심이 되었다. 교회와 시민의 악단도 증가했고 각 지방의 음악활동도 번성했다. 오페라 역시 이딸리아에서 1621년 도입되어 1633년에는 바르샤바 왕궁 내에 오페라 극장이 창설되었다. 후일 대극장(떼아뜨르 비엘끼)은 국내외 오페라와 악단의 공연이 많아지면서 바르샤바에 유럽 문화 교류의 도시로서 상징적 의미를 부여하였다. 뿐만 아니라 1725년에는 바르샤바의 싸스끼 궁전 내에 최초의 공개 오페라 극장이 창설되고, 1779년에는 국민 극장이 설립되기에 이른다.

18세기 후반으로 가면서 왕권은 약화되고 귀족은 분열되었으며, 주변국의 간섭은 날로 심해졌다. 이런 상황을 서구 합리주의와 계몽주의로 극복해야 한다는 움직임이 생겨나면서 왕국은 뽀냐똡스끼(1764~1795)의 시기를 맞이한다. 하지만 이 시기는 폴란드가 차례로 러시아, 프로이센, 오스트리아에 의해 1772, 1793, 1795년 세 차례 분할되어 멸망하는 시기이기도 하다. 음악사에서는 폴란드 국민 오페라가 탄생하고 민족적 색채가 강한 음악이 늘어나며, 민중 투쟁의 정신을 담은 음악들이 나타나는 시기로 구분된다.

19세기는 삼국의 지배에서 폴란드를 해방시키기 위한 투쟁과 좌절의 시기였다. 후일의 쉬마높스끼와 함께 세계음악사에 중요한 페이지를 장식하게 되는 쇼팽(쇼뻰), 모뉴슈꼬, 꼬르베르끄와 같은 거장들이 태어난 것도 바로 이때이다. 이 시기의 바르샤바 역사 또한 음악사를 빼고는 논할 수 없을 것이다. 멸망 후 첫 30여 년에 해당하며, 흔히 폴란드 낭만주의의 전기라고 부르는 1795~1830년의 시기에, 열강 삼국은 폴란드에 약간의 자치를 허용하고 있었다. 이 틈새로 폴란드인들이 전력을 다해 지켜내야 했던 것은 그들의 언어와 문화였을 것이다. 자치를 이용하여 1816년 바르샤바 대학이 창설되었고, 1821년 바르샤바 음악원이 설립되었다. 이는 도시의 역사상 큰 의미가 있을 뿐 아니라, 전 세계에서 활동하게 되는 대학자와 작가들의 출현, 그리고 쇼팽으로 대표되는 폴란드 정신의 탄생을 예고하는 신호탄이기도 했다. 비록 국가는 멸망했지만 끄라꾸프와는 구별되는 바르샤바의 문화가 본격적으로 시작된 것이 바로 이러한 국가가 없는 상태에서였다는 점은 반드시 지적되어야 할 부분이다. 쇼팽이 출현한 시기가 바로 이때였다는 것은 폴란드 정신사 전체를 놓고 봤을 때 불행 중 그나마 다행이었는지 모른다.[3]

바르샤바의 등장과 소멸

야게워 왕조에서 선거왕제로 전환되는 16세기

16세기는 인문주의, 르네쌍스, 종교개혁의 시대이면서 동시에 폴란드 문명의 황금기였다. 또한 '소집의회(Sejm, 세임)'라는 제도에 의한 국왕 선출의 시대였으며, 끄라꾸프의 야게워 왕조에서 바르샤바 중심의 공화국으로 가는 전환점이기도 했다. 왕실 궁전은 1596년 지그문트 3세 때에 바르샤바로 옮겨진다. 전 토족계급이 모여 직접선거로 왕을 선출하는 일명 토족 공화제는 여러 어려움은 있었지만 당시에는 아직 잘 기능하고 있었다. 17세기 초 폴란드는 사상 최대의 영화를 누렸다고 볼 수 있다. 문화적인 문제나 종교·사회적인 불화로 인해 생긴 까자끄의 대반란으로 폴란드가 흔들리기 시작하는 1648

1572년의 국왕 선거가 바르샤바 근교의 볼라에서 진행되는 모습. 담장 내의 상원이 표를 세고 있고, 주변에는 슐라흐따(szlachta)들이 현 단위로 모여 결과를 기다리고 있다.

년경까지 이러한 황금시대는 지속되고 있었다.

1569년 '루블린 합동 규약'으로 폴란드 왕국과 리투아니아 대공국의 통합이 이루어진다. 말하자면 연합의회를 위한 장소가 바르샤바 가까이에서 열리게 되면서 바르샤바가 폴란드 정치의 중심으로 부상하게 된 것이다. 양국은 각각 별개의 법률, 국고(國庫), 군대, 각료 등을 유지하면서도 각 시민은 자유롭게 이동하여 상대국에서 근무할 수 있었고, 공동으로 주권자를 선출하였다. 이 시기 이후 폴란드와 리투아니아는 '폴란드 공화제 왕국'이라고 부를 수 있는 일종의 '공화국'을 유지하였는데 이는, 양 국민의 통합체이자 자유선거에 의한 군주가 군림하는 통치형태를 의미하게 된다.

야게위 왕조 최후의 왕은 1572년, 폴란드 왕국과 리투아니아 대공국의 모든 시민이 동일한 기독교를 신봉하면서 동시에

17세기 초의 폴란드 의회.

루블린 회의의 결정을 따르는 공화국 정치로 잘 유지되기를 바란다는 유언을 남겼다고 한다. 폴란드인 꼬뻬르닉(코페르니쿠스)이 그 유명한 『천체의 회전에 대하여』를 쓴 바로 그 시기 이후 폴란드에는 인문주의가 번창하고, 여러 가지 새로운 사조가 흘러 들어오고 있었다. 국왕선거는 제도로 잘 정착될 것인지, 양 진영은 종교 전쟁을 잘 피해갈 수 있을 것인지 등의 많은 문제가 산적해 있었다. 폴란드에는 13세기 이래로 토족들이 모여 '연맹'을 구성하고 권력행사를 하는 전통이 있었다. 이러한 연맹의 집회는 다수결제로 운영되었다. 바르샤바에서 진행하게 된 '소집의회'에서 국왕을 선출하는 선거 진행에 관한 문제를 두고 카톨릭 귀족의 압박으로 우여곡절을 겪기는 했지만, 최종적으로는 공화국의 토족 전원이 국왕선거에 직접 참가하도록 결정하여, 이 제도는 그 불편함에도 불구하고 공

코페르니쿠스.

화국 멸망 때까지 유지되었다고 볼 수 있다.

이러한 전환점을 폴란드 왕조사의 흐름에서 보면, 9~14세기의 '삐아스뜨 왕조'와 14~16세기의 '야게워 왕조(지그문트 2세까지)' 다음에 오는, '선거로 선출된 왕의 시대'라고 부를 수 있는 시기라 할 수 있다. 이 제도를 적용한 첫 왕은 비록 선출되자마자 샤를르 9세의 사망으로 프랑스 왕권 계승을 위해 귀국하기는 했지만, 프랑스 출신의 헨릭 왕이다. 헨릭 왕에서 시작되어, 1795년 3차례의 분할 이후 폴란드가 멸망하는 시기의 마지막 왕 뽀냐뚭스끼 왕까지, 약 두 세기에 걸쳐 이러한 선거왕제는 유지되었다.

폴란드 분할 전 주변 정세

폴란드 역사만이 아니라 바르샤바 도시의 역사에서도 가장 불행한 시기는 역시 분할로 인한 국가 멸망의 시기일 것이다. 16세기 역사의 무대에 등장한 바르샤바는 선거왕제의 약 200년간 폴란드 역사의 중심에 있었지만 18세기 이후의 약 200년간은 도시의 역사 그 자체가 폴란드 민족 고난과 영욕의 상징이었다고 해도 과언이 아니다. 그 200년이란 18세기의 주권 상실은 물론 수많은 봉기와 반란, 그리고 마침내 제2차세계대전기의 물리적인 파괴에 이르는 비극의 역사였다.

18세기 말의 폴란드 멸망 과정을 살펴보기 위해서는 그 세기 초의 주변국 상황에서 시작해야 할 것이다. 스페인 계승전쟁(1701~1714)과 북방전쟁(1700~1721)은 유럽의 정세를 크게 바꾸었다. 발칸과 발트해 주변의 패권 다툼도 치열해지고, 17세기의 강국 스웨덴이 사라지는가 하면 뾰뜨르 대제의 러시아가 유럽의 정치 무대에 전격적으로 등장한다. 바로 이 시기에 오스트리아 영토 일부를 탈취하면서 대국의 길로 들어선 프로이센이 후에 폴란드 역사에 치명적 상처를 주게 된다.

이러한 상황은 결국 18세기 유럽의 5대 강국(러시아, 오스트리아, 프로이센, 프랑스, 영국) 체제를 만든다. 중부유럽과 동부의 러시아 군사력이 서구보다 커지자 불안한 정세가 형성된다. 폴란드의 비극은 이러한 변화에서 시작되었다. 만일 주변 삼국이 합의만 본다면 영국, 프랑스, 혹은 터어키의 지원을 얻더라도 폴란드의 운명은 위태로울 수 있는 것이다. 이러한 징조는 이미 1730년대부터 보이기 시작한다. 즉 폴란드 왕 선거를 둘러싼 주도권 다툼이 복잡하게 얽히면서 각국 간의 쟁탈전이 수면 위로 떠올랐던 것이다.

폴란드 분할을 가장 욕심 낸 것은 프로이센이었다. 러시아의 경우 적어도 뾰뜨르 대제는 발 벗고 나서지 않았다. 동슬라브족의 지배권을 두고 폴란드와 러시아가 대립한 긴 역사가 있기에 러시아는 매사에 신중을 기했다. 러시아 팽창정책에서 폴란드는 서쪽 국경의 방어망으로 계산되었을지도 모른다. 오스트리아가 가장 소극적이었던 것 같다. 1726년 이후 합스부르크가는 러시아와 동맹관계를 밀접하게 유지했지만, 러시아와 국경을 마주하는 것을 바라지는 않았던 것 같다. 폴란드가 약하고 무정부적인 상태로 완충지역의 역할을 해주는 것 이상으로 오스트리아는 기대하지 않았을 것이다.

그러나 7년전쟁을 기점으로 유럽의 적대관계는 크게 요동친다. 프랑스, 오스트리아, 스페인, 터어키로 구성되는 '남방체제'와 러시아, 프로이센, 영국, 덴마크를 중심으로 하는 '북방체제'가 형성된다. 이러한 변화의 여파에서 유럽 및 러시아의 정 중앙에 위치하는 폴란드의 지정학적 위치는 그것만으로도 불리한 조건이 아닐 수 없다. 18세기 말에 이르러 폴란드가 주변 국가들에게 어떻게 위협받게 될 것인지 상상하는 것은 어렵지 않다. 폴란드는 역사상 처음으로 큰 시련을 앞두게 된다.

분할 전 국내의 상황

1793년 러시아와 프로이센에 의한 제2차 폴란드 분할, 1795년 오스트리아를 포함한 3개국에 의한 제3차 분할이라는 역사적 사건의 배경에는 프랑스 혁명과 관련된 유럽 전쟁이라는 커다란 격변이 있다. 그러나 중요한 것은 분할 이전에 폴란드는 개혁과 민족적 각성의 시기를 겪고 있었다는 점과, 프랑스 혁명이라는 상황과는 관계없이 폴란드 내의 제도 개혁 등이 추진되고 있었다는 점이다. 그러한 개혁의 흐름은 유럽의 지도에서 폴란드라는 정치적 정체성이 사라지기 전후에도 계속되고 있었다. 작센 왕가에 의한 폴란드 지배를 대리하는 폴란드 국왕 스따니스와프 뽀냐뚭스끼는 개혁파 귀족의 협력을 얻어 1차 분할 이후, 한편으로는 러시아 정부의 요청에 의한 상임평의회라는 형태의 중앙정부를 설립하고, 다른 한편으로는 국민교육위원회와 사관학교와 같은 국민의 민족적 교육을 추진하는 등의 개혁을 진행한다.

바르샤바 근교에서 토족의 투표에 의해 선출된 새로운 왕 뽀냐뚭스끼는 주변 강국의 간섭으로 망국의 날이 다가오고 있는 현실을 모른 채 폴란드 내정 개혁과 외교에 새로운 계획을 세우는 한편 문예, 미술, 건축 등 모든 분야의 진흥책에 정진한다. 재건된 바르샤바 왕궁의 내장 수리도 잊지 않았다. 그러나 근대국가 확립을 위한 국왕의 노력이 모든 정파의 지지를 얻지는 못했다. 프로이센과 대항하려면 러시아 및 오스트리아와 동맹을 맺어야 한다는 입장과 친프로이센의 공화파가 대립하고 있었는가 하면, 러시아와 대항할 수 있는 세력으로 강력한 폴란드를 기대하고 있는 터어키의 존재 등 국내외의 상황은 매우 복잡해지고 있었다. 주변 대국의 절대군주들과는 차별화된 제도를 희망한 이 폴란드의 마지막 왕은 입헌군주제를 생각하고 있었으나, 수십 년간 거의 무정부 상태에 이른 폴란드 재건을 위해서는 많은 시행착오가 필요했다.

하지만 당시의 폴란드를 약소국으로 보기는 어렵다. 민족의식이나 국가의식이라 할 만한 것이 강건하지는 않았지만 분명한 독립국이었고, 당시 유럽 지도 위에 현재 동구라고 우리가 부르는 지역 전체에서 '국가'라고는 폴란드 외에 거의 없었다 해도 과언이 아니다. 대부분 터어키나 합스부르크 제국의 지배하에 있었던 것이다. 16세기 황금시대의 잔영은 아직도 남아 있었고, 현재의 우끄라이나, 벨로루시, 리투아니아도 그 대부분이 폴란드에 속해 있었던 때였다. 제1차 분할 당시까지도, 폴란드가 국토의 일부를 상실했지만 여전히 프랑스와 비슷한 유럽 3대 국가에 속하는 세력으로 보는 역사가도 있다. 하지만 당시 주변국들에 비해 군대의 규모는 크지 않았고, 1771년 러시아군은 결사대를 바르샤바에 보내 폴란드 국왕 납치를 시도하기도 한다. 왕의 개혁에 대한 반대세력과 러시아와 프로이센의 주권침해에 대한 저항이 얽히면서 정세는 계속 복잡해져 가고 있었다.

분할에 대한 소문이 커져가고 있는 한편, 국왕은 계속 민주적 개혁을 추진한다. 유럽 수준의 우편 제도를 확립하고, 세계 최초의 교육행정기관이라고 하는 '국민교육심의회'를 1773년 발족시킨다. 개혁파 귀족, 토족, 지식인들에 의한 자주적인 국가 개혁은 1788년 가을 바르샤바에서 '소집의회' 제도를 수립하기에 이르러 비록 1792년까지만 존재한 불과 4년의 역사였지만 폴란드사에서는 '대국회'라고 불리는 중요한 전거를 마련한다. 국회는 러시아와 타협적인 개혁파, 친러시아적 반개혁파, 친프로이센적 급진 개혁파(뽀또쯔끼, 꼬원따이) 등의 세력 각축장이었다. 국왕은 러시아의 강경한 반개혁노선을 알고 1790년 3월 프로이센과 동맹조약을 맺는다. 1791년 5월 3일 국회는 꼬원따이 등이 기초한 헌법안을 채택한다. 국왕의 개혁 정신은 이 헌법에도 물론 반영되어 있다. 후일 이를 이르러 민주주의적인 무혈혁명으로 평가하는 시각도 있다.

어느 역사학자는 이를 프랑스와 미국 혁명에 이은 세 번째의 중요한 민주혁명으로 평가한다. 이 헌법은 영미의 헌법 다음으로 선구적인 것으로 입헌군주정, 삼권분립, 상층시민의 참정권 등의 원칙을 담고 있으며, 종래 귀족, 토족들이 가지던 국왕 선임권 등을 폐지한다는 의미도 있다. 농민이나 일반시민의 참정권을 인정한 것은 아니지만 근대 폴란드 자주독립 국가체계의 의지를 담은 최초의 헌법이라 할 수 있다. 행정부의 구성원이 의회에 대하여, 형법에 대하여 책임을 진다는 내용의 헌법 조항은 세계에서 최초로 정해진 것으로 평가되기도 한다. 123년의 국가부재 기간에 중단되었지만, 1918년 국가독립 때부터 제2차세계대전으로 다시 독일 점령 하에 놓이는 시기까지의 약 20여 년간 바로 이날 5월 3일이 건국 기념일로 지켜졌다.

폴란드 분할과정과 주변 5개국

프로이센은 이러한 헌법 제정 소식에 폴란드에서 영국보다도 수준 높은 헌법이 채택될 것에 대한 경계를 높인다. 이 과정을, 구체제를 유지하려는 국가와 새로운 질서를 구축하려는 국가 사이에 생긴 갈등으로 해석할 수 있을지는 판단하기 어렵지만, 결국 폴란드의 개혁은 자신들의 의사와는 관계없이 주변국에 제2차 및 제3차 분할의 구실을 제공할 뿐이었다. 한편 러시아의 황제 예까쩨리나 2세는 터어키와의 전쟁(1787~1792)을 마치자 바로 폴란드에 군대를 파견하여 5월 3일 헌법 제정을 막으려 했다. 1792년 러시아군은 폴란드 국경을 넘어 침입한다. 3만 명의 폴란드군이 9만 명의 러시아군과 맞서 싸워야 했다. 전투 직전 프로이센은 폴란드와의 동맹조약을 파기하고 출병하지 않는다.

새로운 헌법을 타도하려는 세력은 국내에도 있었다. 친러시아파와 친프로이센파들이 폴란드 붕괴를 가속화시키고 있었다. 폴란드 귀족과 토족 내부에도 러시아와 내통하기 위한 단체를 결성하는 움직임이 생겨나고, 이는 빌헬름 2세의 배신과 더불어 폴란드 제2차 분할을 촉진시키는 요인으로 작용한다. 이와 달리, 사관학교 출신으로 빠리 유학과 미국 독립전쟁에 참전하고 귀국한 따데우슈 꼬슈츄슈꼬의 애국적 군인들은 수적인 열세에도 불구하고 러시아에 대항하여 투쟁했다. 방위선을 지킨 왕의 친척 유제프 뽀냐똡스끼 장군은 후일 나뽈레옹에게도 신임을 얻게 되어 모스끄바 원정에 동행하게 되는 명장이다.

러시아 예까쩨리나 여제는 폴란드왕의 폐위를 요구한다. 왕은 우여곡절 끝에 결국 굴복하고 동시에 전쟁 중지를 선언한다. 국내는 혼란에 빠진다. 뽀냐똡스끼, 꼬슈츄슈꼬 등의 장군이 사직하고, 국회 요직에서 왕을 보좌하던 민주개혁의 주력이자 폴란드의 위대한 급진 개혁사상가로 불린 꼬원따이는 망명한다. 1792년 7월의 그의 처절한 전투 소식은 바로 프랑스에도 알려졌으며, 이후 명예 프랑스 시민권을 수여 받은 꼬슈츄슈꼬는 프랑스로 이동했다. 당시 프랑스군은 프로이센-오스트리아 연합군을 무찌르고 1793년 1월에는 루이 14세를 처형하기에 이른다.

그 사이 뻬떼르부르그에서 러시아, 프로이센에 의해 맺어진 폴란드 제2차 분할협정이, 매국파들이 지배하는 국회에서 승인된다. 반대파 의원들을 체포하고 협박, 매수한 러시아는 군대의 포위 속에 국회 심의를 진행시킨다. 1793년 러시아는 제2차 분할조인에 착수한다. 국회는 러시아 대사의 지시에 따라 바르샤바가 아닌 지방도시에서 열리고 있었다. 국회 왕의 옆자리에는 러시아 장군이 붙어 있다. 침묵의 시간이 흐른 다음 장군은 왕에게 펜을 쥐어주었고 왕은 협약에 서명한다. 바르샤바의 대형 은행 상당수가 지급불능 상태에 빠지는가 하면, 수만 명의 점령군 유지비로 인해 민중은 굶주린다. 1793년말부터 이듬해로 넘어가는 겨울, 바르샤바는 빈민으로 넘쳐나고 있었다.

나뽈레옹과 함께
— 폴란드 분할과 '바르샤바 공국'

폴란드 분할과 저항의 역사

바르샤바의 여기저기에는 반란과 봉기를 테마로 한 동상이나 기념비가 있다. 공동묘지에는 바르샤바 봉기의 희생자들을 위한 묘가 있어 공산계 인민군 AL(아.엘.)과 망명정부계열의 국내군 AK(아.까.)로 각각 불린 지하저항조직의 병사들과 무명용사의 넋을 기리고 있다. 제2차세계대전 중 발생한 1944년 '바르샤바 봉기'는 자국 내의 분열로 인해 피해가 더 커진 가장 비극적인 사건으로 폴란드 국민들 마음속에 실로 형언하기 어려운 상처로 남아 있다.

독립 폴란드 최후의 왕, 스따니스와프 아우구스뜨 뽀냐똡스끼가 즉위한 1764년부터 '1월 봉기'가 일어난 1863년 사이의

한 세기 동안 만 10년의 세월을 폴란드인들은 독립 투쟁의 무장봉기에 전념했다고 한다. 그 수많은 봉기의 역사 중에서도, 1794~1795년 '꼬슈츄슈꼬 봉기', 1830년의 '11월 봉기', 1863년의 '1월 봉기'가 가장 유명하다. 그 뒤 다시 한 세기 지난 후 저항의 역사는 1944년 8~10월의 '바르샤바 봉기'로 이어지며, 이는 지난 200년간 바르샤바에서 일어난 저항과 반란의 역사를 가장 상징적으로 보여주는 사건이었다.

꼬슈츄슈꼬 봉기와 폴란드 멸망

결국 망국으로 향하고 있는 역사의 수레바퀴를 멈춰 세우지는 못했지만, 1793년 5월부터 이미 비밀결사가 조직되고 저항이 시작되고 있었다. 군인, 지식인, 급진파 온건파 모두 해외의 조직과 연대하여 움직이고 있었다. 그 이전 2월에는 바르샤바 민중이 처음으로 정치 무대에 등장한다. 폴란드군 무기고를 탈취하려던 러시아군을 그들이 막아낸 것이다. 한편 러시아에서 새로 부임한 대사의 요구로 정부는 1794년 2월 병력 감축을 발표한다. 비밀결사의 멤버들이 대량 체포된다. 항의의 뜻으로 반란에 나서는 장군이 속출하였다.

제2차 분할 소식을 접한 꼬슈츄슈꼬는 프랑스 외무장관에게 장문의 각서를 제출한다. 자유와 평등의 원칙을 전 유럽에 선포한 프랑스 공화국은 폴란드혁명을 지원해야 하며, 폴란드인은 러시아에 공화 사상을 전파할 수 있는 유일한 민족이라고 그는 주장했다. 즉 러시아에 전제 군주가 군림하는 한 공화국에 대한 위협은 상주할 것이고, 폴란드 혁명 세력은 10만 명의 폴란드 군을 창출하여 프로이센-오스트리아를 공격할 것이라 주장했다. 그러나 결국 프랑스의 도움을 받지 못하고 그의 1794년 3월 대러시아 봉기 계획이 무산되자, 그는 바로 스스로 최고사령관의 역할을 맡아 끄라꾸프에서 봉기를 선언한다. 이후 11월까지 계속되는 저항은 역사에 '꼬슈츄슈꼬 봉기'로 기록된다. 폴란드 봉기의 시대 그 서막이 올라간 것이다.

한편 '바르샤바 반란'으로 기록되는 4월의 시가전은 주로 빈민층의 저항이었다. 러시아 대사관의 수비대 반 이상이 피해를 입어 일단 철수를 한다. 일부 폴란드 지역이 해방되고 5월에는 '민족최고평의회'라는 이름으로 온건파 중심의 임시정부가 구성된다. 그러나 상층부의 분열로 봉기 세력은 금방 자멸하고 만다. 빌노, 바르샤바, 끄라꾸프에서 각기 다른 목소리가 나오고 있었다. 무법, 무질서의 참담한 상황이 지속되면서 바르샤바는 6월 무렵 공포의 도가니에 빠져든다. 이어 바르샤바 공방전이 시작된다. 러시아와 프로이센 연합군 수만 명이 달려들지만 꼬슈츄슈꼬의 전술 덕에 바르샤바는 2개월을 더 버틴다. 그러나 꼬슈츄슈꼬와 반대파의 대립이 격해지면서, 러시아의 추가 공격에 장군은 부상을 당하고 10월에는 포로가 되고 만다. 장군의 봉기에 가담한 군인 중에는 프랑스에서 건너와 폴란드에 정착한 쇼팽의 부친 니꼴라도 있었다. 11월 봉기는 완전히 진압되고 러시아군은 바르샤바를 점령한다. 꼬슈츄슈꼬가 부상당한 것은 큰 타격이었다. 항복을 결정한 것은 스따니스와프 아우구스뜨 자신이었다.

봉기의 실패는, 이제 800년 이상 지속된 폴란드의 멸망을 의미했다. 국왕은 "폐하의 명령과 선처가 없이는 조만간 사라지고 말게 될 국가"에 자비를 베풀어 달라고 러시아의 황제 예까쩨리나에게 호소한다. 그러나 여제가 프로이센 왕을 뻬떼르부르그로 불러 동참을 요청하는 시점에서 최종적 분할은 이미 확고부동한 사실이 되고 만다. 이미 7월에 비엔나에서 여제가, 조금의 불씨가 남아서 다시 타오르는 일이 생기지 않도록 인접한 3개국의 궁정이 폴란드를 나누어 가져야 한다고 강조한 것을 확인하는 절차에 지나지 않는 것이었다. 마치 포로나 다름없이 유폐된 폴란드왕에게 예까쩨리나는 퇴위할 것을 요구한다. 1795년 11월 25일, 폴란드 최후의 왕 스따니스와프 아우구스뜨는 퇴위하고 폴란드는 이제 지상에서 사라진다. 1797년 3국은 폴란드 최종 처리에 관한 협약을 마무리한다. 최후의 폴란드 왕은 1798년 러시아에서 죽는다. 망국의 동포를 격려할 운명을 안고 폴란드 최대의 시인 아담 미쯔께비치가 태어나는 것은 바로 같은 해 12월, 쇼팽이 태어나는 것은 그로부터 12년이 지난 뒤이다. 「폴란드는 사라지지 않는다」라는 군가를 부르며 1797년 7월, 나뽈레옹군과 함께 이딸리아 전선에서 폴란드 병사들이 싸우고 있었다. 꼬원따이의 격언 'Nil desperandum(절망해서는 안 된다)'와, 꼬슈츄슈꼬의 '우리는 죽어 사라진다, 하지만 폴란드는 불사조'라는 한 마디를 가

슴에 품고 폴란드인들은 공화국 부활까지 123년을 견디어야 했다.

분할 3국의 정책

분할된 지역은 폴란드 공화국 시대의 흔적이 남지 않도록 여러 가지 조치가 취해지기 시작한다. 프로이센 영토가 된 지역은 프로이센식의 명칭을 가진 3개 주로 나누어졌다. 오스트리아는 갈리찌아 지방을 통치했고, 러시아령이 된 리투아니아, 벨로루시, 우끄라이나 등지에서도 새로운 행정구역이 설정되고 러시아식의 군현제가 도입됐다. 폴란드인에 대한 정책은 3국 모두 비슷했다. 봉기 참가자에 대해서는 여지없이 영지 몰수, 투옥, 유형 등의 탄압이 가해진다. 이러한 조처는 폴란드인에 대한 경고의 의미를 담고 있었으며, 반항적인 인간들을 사회에서 제거하는 것이 목표였다. 폴란드의 행정, 사법, 법제도 등은 금지되었다. 특히 프로이센과 오스트리아는 이 문제에 관하여 엄격했다. 관청의 공용어도 독일어로 바뀐다. 결국 이들에게 폴란드는 자원, 노동력, 세금, 병사를 제공하는 장소일 뿐이었다.

폴란드인들의 반응은 계층별로 다양했다. 대귀족층은 정치적, 경제적으로 크게 타격을 입었지만 대체로 타협적인 태도를 취했다. 제2차 분할 당시 반대하다가 망명한 연맹의 지도자 한 사람은 그 후 "나는 영원한 러시아인"이라고 스스로 쓰기도 했다. 일부 귀족은 "폴란드 시대보다 지금이 더 좋다"고 말하기도 했다. 분할 3국이 영주권을 보장하는 봉건적 신분제도의 나라들이었기에 이렇게 현실에 영합하는 자세는 적지 않았다. 새로운 현실이 오히려 급격한 사회혁명이나 농촌의 반봉건투쟁을 막아주는 방파제라고 생각했을지도 모른다. 그러나 이러한 자세가 대세라고는 할 수 없었다. 멸망전의 '5월 3일 헌법' 제정과 꼬슈츄슈꼬의 봉기를 겪으면서 폴란드 사회 내부에 민족에 대한 긍지와 자각이 커지고 있었다. 가장 많은 활동가를 배출한 것도 '슐라흐따'라는 귀족층이었다. 러시아는 슐라흐따의 신분적 특권을 박탈하고 그들 대부분을 러시아 중앙부에 강제 이주시켰다. 오스트리아도 이들의 신분을 귀족과 기사로 나누어서 토지가 없는 슐라흐따의 특권을 박탈했다.

다양한 저항의 모색

저항운동은 물론 비밀결사와 지하루트를 통해 생겨나기 시작한다. 최초의 결사 '르부프 중앙'이 발각되자 이어서 '폴란드공화주의자협회'가 바르샤바에서 조직되었다. 빠리의 망명자들 사이에서는 온건적인 '아겐찌아(Agencja)'와 급진적인 '데뿌따찌아(Deputacja Polska)' 등이 결성된다. 모두가 폴란드 민족 전체를 대표한다는 의미를 담은 조직명을 택하고 있었다. 독립의 수단이 자력인가 아닌가, 급진적인 방법으로 할 것인가 체제 내에서 할 것인가 등을 두고 의견이 다를 뿐이었다.

'아젠찌아'는 '5월 3일 헌법'을 넘어서는 운동은 자제한다는 정책을 지지했다. 이들은 프랑스의 외교적 군사적 승리를 기대하면서 프랑스 세력 하의 군단을 창설했다. '데뿌따찌아'는 국내에서의 무장봉기를 조국해방을 위한 최선의 방법으로 내세웠다. 강령에서는 프랑스적인 공화주의 정치, 사회체제를 목표로 설정했다.

돔브롭스끼 장군과 '아젠찌아'의 노력으로, 1797년 나뽈레옹이 수립한 롬바르디아 공화국 수비대 형태로 '폴란드 군단'이 발족된다. '아젠찌아'의 지도자 유제프 비비쯔끼는 감격하여 마주르까 풍의 군가를 만들었다. 이 노래는 "폴란드는 결코 사라지지 않는다/ 우리가 살아 있는 동안은"으로 시작하여, "전진, 전진 돔브롭스끼/ 이딸리아 땅에서 폴란드를 향해/ 그대의 지휘 아래 우리는 국민으로 뭉치노라"로 끝난다. 이후 폴란드 역사에서 가장 큰 고난의 시기 동안 이 노래는 폴란드의 상징으로 살아남았고, 현재에도 국가로 불리고 있어 이따금 국제 경기를 통해 들을 수 있다.

'폴란드 군단'은 1799년 프랑스군에 편입된 이후에도 나뽈레옹을 따라 이딸리아 전선과 독일 전선에 참가한다. 이듬해 그들은 오스트리아군을 공격하며 비엔나에도 진입한다. 나뽈레옹이 오스트리아에 이어서 러시아와 조약을 체결한 것이 바로 이때였다. 유럽대륙을 사실상 두 개의 세력권으로 분리한 양대 조약은 '내부의 적'을 지지하지 않는다고 명확하게 규정하고 있었다. 폴란드 군단 구성원의 분노감은 이루 다 표현할 수 없는 지경이었다. 이제 반항적으로 돌변한 폴란드 군단은 나뽈레옹에게 오히려 위협적인 요소가 되었다. 그는 군단의 과반수인 6천 명을 하이티(아이티) 섬으로 보냈다. 조국의 자유를 기대하며 한 가닥 희망을 품고 프랑스 혁명정신에 따라 묵묵히 싸우던 군사들이, 마찬가지로 민족의 자유를 지키기 위해 싸우는 식민지 원주민과 싸우라는 명령을 받은 것이다. 대부분은 열대성 기후와 열병으로 쓰러지고, 폴란드 땅을 다시 밟은 사람은 겨우 3백 명 정도였다는 기록이 남아 있다.

결과적으로 이 시기의 폴란드 문제는 프랑스 정부에 의해 이용당했을 뿐이다. 혁명의 성과를 지키기 위해 전쟁을 종결시켜야 했는가 하면, 그 과정에서 프로이센과의 1795년 4월 조약 유지는 프랑스에게 중요한 정책이었다. 폴란드 문제에 깊이 관여하는 것이 바람직하지 않다는 판단이 나올 수밖에 없었다. 게다가 프랑스 정부로서는 러시아와 오스트리아를 어떻게 대처하는가 하는 정책의 범위 내에서만 폴란드 문제를 생각할 수 있었다는 점이 폴란드인에게는 역시 큰 상처가 될 요소를 안고 있었던 것이다.

이러한 좌절에도 불구하고 나뽈레옹에 대한 폴란드인들의 기대는 일종의 신앙과 같은 것이었다.[4] 물론 폴란드인들 사이에서는 새로운 발상이 절실함을 주장하는 세력도 출현하기 시작했다. 그 중에서도 러시아에서 풀려나 망명 중인 꼬슈츄슈꼬는 외국의 힘에 기대서 폴란드 독립을 회복하려는 방침에 대하여 강도 높게 비판했다. 예까쩨리나에 이어 황제에 오른

빠벨 1세(1796~1801년 재위) 때 석방된 장군은 빠리에 정착해서『폴란드인은 독립을 위해 싸울 수 있는가』라는 소책자를 발표한다. 여기서도 그는 독자적인 힘으로 독립을 달성해야 한다는 논리를 전개하면서 "자유와 평등의 원칙을 품지 않고 혁명을 시작하려고 하는 자는, 헛되게 동포의 피를 흘리게 하는 자이며 그 어떤 것도 달성할 수 없다"고 강조한다. 사회의 변혁과 독립의 문제를 연결시켜 생각해야 한다는 주장이다.

이에 반해 독립의 희망을 러시아에서 찾으려는 경향이 유산 슐라흐따 사이에서 나오기 시작한다. 1801년 즉위한 알렉싼드르 1세(1801~1825년 재위)에 호감을 갖고 있던 이들은 사회·경제적인 이유에서도 친러시아적이었다. 자신의 조모 예까쩨리나 2세의 노선을 계승은 하지만, 그녀가 범한 최대의 오류(폴란드 멸망)는 잘못된 것이라는 황제의 말은 매우 고무적인 요인이었다. 차츰 황제는 몰수재산의 반환, 폴란드인의 단계적 석방, 슐라흐따의 등용, 폴란드 방식의 학교교육 등의 정책을 실행해 나갔다. 그는 또한 폴란드 귀족 아담 차르또리스끼의 아들 아담(부친과 동명)을 요직에 등용하기도 했다. 일설에 의하면 황제 자신이 폴란드에 대하여 동정적이었고, 자유에 대한 자신의 신념을 아담에게 털어놓을 정도로 서로 친한 관계였다고 한다. 러시아 외무장관 대리에 취임한 그의 마음속에는 조국 폴란드 부흥에 관한 나름대로의 복안이 자리 잡고 있었다. 유럽을 러시아와 프랑스 양대 세력권으로 분할하여, 폴란드를 러시아 황제 하에 통합시켜 재건해야 한다는 생각이었다. 아담은 1802년에 외무장관에 취임한다. 이후 나뽈레옹의 황제 즉위로, 러시아와 프랑스의 관계가 악화되자 그는 새로운 계획을 내세우지만 러시아 내에서도, 대륙의 러시아 동맹국들에게도 별 호응을 얻지 못한다. 알렉싼드르의 호응으로, 프로이센을 치는 일명 '쁘와브이 계획'은 진행되는 듯했지만, 러시아와 프로이센의 동맹관계가 회복되는 등의 상황 전환으로 결국 실패로 돌아가고, 차르또리스끼는 사임한다.

바르샤바 공국

1806년 10월 프로이센군에 결정적인 타격을 입힌 나뽈레옹군이 베를린에 입성하자, 폴란드 부흥의 기대는 커져만 갔다. 그는 폴란드인을 동원하기 위해 우선 꼬슈츄슈꼬에게 협력을 요청했다. 하지만 꼬슈츄슈꼬는 이를 거절했다. 결국 나뽈레옹은 돔브롭스끼 등에게 지시하여 11월 3일 선언문을 발표하게 했다. "폴란드인이여, 무적의 위대한 나뽈레옹은 30만 군대와 함께 폴란드에 들어갈 것이다. …… 조국회복을 위해서는 피를 흘릴 용의가 있다함을 그에게 보여주자!"

나뽈레옹의 폴란드관에 대하여는 여러 가지 해석이 있지만, 확실한 것은 지지를 얻기 위해 그가 노골적인 선동의 발언을 했다는 사실이다. 농민 군중만이 아니라 전 민족이, 모든 귀족이 무기를 들어야 한다고 선동했다. 이전 혁명 프랑스에 대하여 불신감을 가지고 있던 지주 귀족들과 대귀족들은 이러한 나뽈레옹에 점차로 태도를 바꾸어가고 있었다. 12월 6일 유제프 뽀냐뚭스끼 장군은 폴란드군 동원을 약속하고, 이어 다른 장군들도 협력하기로 했다.

다음해 1월 바르샤바에 '통치위원회'가 설립된다. 7명으로 구성된 위원회의 구성원은 거의 모두 지도자격인 대귀족들이었다. 폴란드인들이 모이는 것은 틀림없지만 폴란드의 운명은 나뽈레옹 한 사람의 손에 달려 있었다. '통치위원회'와 군대를 조직하게는 했지만 폴란드 재건에 대하여는 그로부터 여전히 구체적 언질이 없었다. 1807년 2월의 대러시아 전투에서 프랑스가 궁지에 빠졌을 때 나뽈레옹은 프로이센에 평화를 제안하고, 그 대가로 폴란드 땅을 포함한 구 프로이센 영토의 반환을 제안했다. 결국 그 해 1807년 7월 22일, 승리한 나뽈레옹은 '바르샤바 공국'을 창건한다. 그러나 이것 역시도 나뽈레옹 입장에서 보면 러시아와의 거래에 지나지 않았다.

5월 3일 헌법 당시 지명된 바로 그 작센왕(프리드리히-아우구스트)을 군주로 하는 공국의 영토는 프로이센령 폴란드 전체를 포함한 것은 아니었다. 하지만 이 작은 국가는 '폴란드'라는 이름이 부여되지는 않았어도 분명한 폴란드인들의 국가였다. 각 권력기관에는 폴란드인들이 취임했고, 특히 내정 문제는 거의 전권이 그들에게 위임되었다. 일시적인 해방공간이라는 표현이 어떨지는 모르지만, 1918년~1939년의 일시적 평화시기가 그러하듯이 분명 감정적으로도 폴란드인들에게는 특별한 의미가 있는 시공간이었음을, 적어도 '해방공간'이라는 체험이 있는 한반도의 우리들로서는 충분히 상상이 가능하지 않은가.

분할 통치기와는 전혀 다른 자립적 발전의 희망이 싹트기 시작했다. 바로 이 작은 '바르샤바 공국'이 국가 재건의 중심핵으로 자리 잡을 수 있다는 확신을 모두 갖고 싶었다. 그래서 더욱 폴란드인들은 불만이 없는 것은 아니지만 프랑스 보호하에 있었던 대부분의 다른 민족들과는 달리, 최후의 순간까지 나뽈레옹의 편에서 그 어떠한 희생도 치룰 수 있었다.

바르샤바 공국의 헌법은 1807년 7월 나뽈레옹이 드레스덴에서 구술한 것이었다. 전체 89조의 내용 중에 주목할 만한 것은 "노예제를 폐지한다. 모든 공민은 법 앞에 평등하다"고 규정한 제4조의 의미였다. 나뽈레옹에게는 노예제로 보인 농노제가 이로써 폐지되었다. 참고로, 러시아에서 농노제가 폐지되는 것은 1861년이다. 하지만 공국에서도 유산 귀족 슐라흐따의 정치적 위상은 변함이 없었다. 농민 문제에 관한 칙령도 공포되어 농민에게 이동의 자유는 보장되었지만 지주에게 유리한 구조 자체가 바뀐 것으로 보기는 어렵다. 농노제가 없는 부역제라는 특수한 상태였다고 보아야 할 것이다. 한편 군대는 유제프 뽀냐뚭스끼의 지휘 아래 3만 명의 규모로 조직되었다.

나뽈레옹의 모스끄바 원정과 바르샤바 공국의 소멸

1809년 봄, 오스트리아가 바이에른의 나뽈레옹군을 기습

공격하고, 동시에 약 3만 명의 군대를 바르샤바 공국에 침입시킨다. 뽀냐똡스끼는 4월 19일 수도에서 격전을 치루지만, 군대를 구하기 위해 곧바로 수도를 포기한다. 바르샤바를 포기하고 군의 주력을 갈리찌아로 향하게 한 사령관 유제프 뽀냐똡스끼의 작전으로 공국은 위기를 모면할 수 있었다. 바르샤바는 곧 돔브롭스끼가 해방시킨다. 뽀냐똡스끼는 루블린, 끄라꾸프를 포함한 방대한 지역을 모두 공국에 병합시키고, 오스트리아령의 갈리찌아도 병합했다. 공국의 인구가 250만 명에서 400만 명으로 증가했다. 하지만 뽀냐똡스끼의 대담한 작전은 나뽈레옹의 승리를 상정한 상태에서 진행된 것이라는 한계를 안고 있었다.

나뽈레옹은 공국의 재정난을 무시하고 군대를 6만 명으로 증강하고 요새를 강화하도록 요구했다. 그러나 당시로서는 많은 애국자들조차도 나뽈레옹의 승리를 기반으로 재생하는 것이 가장 유리한 선택이라는 생각을 할 수밖에 없었다. 한편 러시아와 프랑스의 관계가 악화되면서 러시아의 알렉싼드르 1세는 다시 차르또리스끼를 내세워 폴란드인들을 회유하기 시작한다. 나뽈레옹을 향해 바르샤바 공국 시민이 무기를 들고 싸워달라는 것이다. 그 대가로 황제는 제1차 분할 이전의 폴란드 재건을 약속하기까지 했다.

하지만 바르샤바 공국 군대와 함께 러시아 측에 가담할 것을 요구받은 뽀냐똡스끼는 이를 거절한다. 차르또리스끼가 은밀하게 그의 의향을 물었는데 이를 단호하게 거절하고, 나아가 이 사실을 나뽈레옹에게 알렸다 한다. 나뽈레옹은 러시아와의 일전이 불가피하다고 판단했다. 공국 정부는 만성적인 재정 위기에도 불구하고 동맹국 중에서 최대규모인 10만 명의 러시아 원정군을 준비한다. 나뽈레옹의 '대륙군'을 위해 프로이센은 2만 명, 오스트리아는 3만 명의 병력을 제공한 것에 비교하면 엄청난 규모였다. 1812년 여름 각국의 대군단이 모스끄바를 향해 출발한 후 바르샤바 공국에 남은 것은 문자그대로 허허벌판이었다고 한다.

그러나 뽀냐뚭스끼가 지휘하는 바르샤바군 제5사단은 실제로는 병력의 반도 동원하지 않았다. 나머지는 흩어져서 다른 군단에 들어가 있었다. 프리드리히-아우구스트로부터 최고권을 위임받은 각료회의는 임시국회를 소집한다. 국회는 폴란드 국왕과 리투아니아 대공국의 총연맹을 조직했다.

나뽈레옹은 바르샤바를 통하지 않고 움직이고 있었다. 총연맹의 대표자들은 빌노에 리투아니아 임시정부를 설치하고 그를 따르고 있었다. 바르샤바 공국과 마찬가지로 여기에서도 군사행동은 프랑스인의 손에 달려 있었다. 폴란드군들은 전선에 파견되었다. 그들은 스몰렌스끄에서 공을 세우고, 유제프 뽀냐뚭스끼는 전위대를 끌고 1812년 9월 14일 모스끄바에 진입했다. 나뽈레옹의 군대 중에서 바르샤바 공국 군대만이 조국재건이라는 대의를 가지고 있었다. 그런 만큼 폴란드군의 활약은 대단했다. 하지만 모스끄바 입성 후 얼마 되지도 않아서 나뽈레옹군의 후퇴가 시작된다. 공국 군대의 힘이 진가를 나타낸 것은 바로 이 순간이었다. 그들은 가장 위험한 후미에 서서 후퇴하는 군대를 보호했다. 말할 것도 없이 공국 군대의 희생은 엄청난 규모였다. 다시 바르샤바 공국에 돌아온 병사는 2만 4천 명으로 기록되어 있다.

나뽈레옹의 패배 소식을 접한 공국 정부는 차르또리스끼를 통해 리투아니아의 공국 합병을 조건으로 알렉싼드르 1세에게 협력하겠다고 제안한다. 그러나 뽀냐똡스끼 원수와 군대는 원래의 대의를 지킨다. 그들은 라이프찌히 전장에서 퇴각하는 프랑스군을 엄호하는 도중 부상하여 백마와 함께 강에 빠져 죽는다.

바르샤바 봉기 – 제2차세계대전과 폴란드

봉기를 전후한 폴란드 국내외 상황

폴란드의 모든 분야에서 '전간기'란 시기는 특별한 의미를 가진다. 독립한 해인 1918년부터 독일의 폴란드 침공으로 시작되는 1939년 제2차세계대전까지의 약 20년은 억제된 에너지의 분출기였으며 동시에 독립 국가를 지켜내기 위한 다짐과 희망의 시기였다. 다시는 지난 200년과 같은 반란과 봉기의 희생이 반복되어서는 안 된다는 전 국민의 한결같은 기원이 모아지고 있었다. 이런 상황이었기에 더욱더 제2차세계대전의 독일군 점령은 국내외 모든 폴란드인들을 격노하게 만들었다.

전쟁 중에 흩어진 많은 폴란드 장교들은 프랑스와 영국의 군대에 편성되었다. 쏘련 정부와 영국 망명정부 사이의 교섭 결과 러시아에서도 당시의 폴란드인과 폴란드 죄수들을 모아 폴란드군(Armia Polska, 아르미아 뽈스까)을 편성한다. 이후 8만 3천 명으로 불어난 이 군대는 동부전선과 이딸리아 전선에서 활약한다. 그 외에 영국, 프랑스에서 편성되어 서부전선에 참전한 폴란드 군인은 무려 11만 명이 넘는 숫자였다.

한편 폴란드 국내에는 지하저항조직이 활동하고 있었다. 런던 망명정부와 밀접하게 연결되어 있는 반모스끄바적 국내군(Armia Krajowa/AK, 아.까.)과, 이 조직과 대립관계에 있던 친러시아적 인민군(Armia Ludowa/AL, 아.엘.)이 가장 큰 두 조직이었다. 19세기 망명 폴란드 사회에서도 정치적 입장에 따라 여러 대립관계가 존재했듯이 이 같은 저항군의 분리도 어디를 적으로 볼 것인가에 대한 견해 차이에서 비롯된 것이었다.

쏘련에서 편성된 폴란드군을 지휘하는 안데르스 장군은 모스끄바 측과 불화를 겪고 쏘련과 런던 망명정부 간의 관계에도 악영향을 미친다. 1944년 8~10월에 63일간 독일군을 상대로 일어난 '바르샤바 봉기'는 바로 이러한 문제로 인해 매우 비극적인 사건이 된다. 여성과 어린이들까지 가담하여 투쟁한 이 봉기에서 시민 약 15만 명을 포함, 20만 명 이상의 인명이 희생되었고 바르샤바는 거의 80%이상이 파괴되었다. 봉기는 AK에 의해 시작되었는데, 무모한 상황임을 알면서도 AL도 참가하게 된다. 충분한 준비도 없이 AK 측이 봉기를 서두른 배경에는 런던 망명정부의 판단오류가 있었다. 망명정부의 새로운 수상 미꼬와이칙은 봉기 직전인 7월과 8월 사이에 모스끄바에서 스딸린을 만난다. 서구의 지지를 배경으로 국경선 계획에 대한 쏘련 측 지지를 얻기 위한 방문이었다. 폴란드 동부지방에서는 쏘련의 원조를 받는 '국민해방폴란드위원회'가 정권을 잡고, 7월 22일 재건 폴란드에 대한 계획을 발표한 직후였다.

바르샤바 봉기와 그 비극적 결말

결국 망명정권의 폴란드 재건에 있어서 주도권을 장악하려는 계산이 있었을 것이다. 모스끄바 방문을 하나의 기회로 보고 AK는 다소 모험적인 결정을 한 것이다. 이는 오히려, 바르샤바 봉기를 권력 장악을 위한 범죄 집단의 소행이라는 식으로 규정하는 구실을 스딸린에게 제공한 꼴이 되고 말았다. 물론 어떠한 경우라도 스딸린의 판단은 마찬가지였으리라는 의견도 있을 수 있다. 그러나 이러한 견해는 역사를 해석하는 하나의 버전에 지나지 않는다. 결국 바르샤바 시민의 입장에서는 독일에 대항하여 싸우는 자신들을 쏘련 측이 내팽개쳤다는, 대러시아 불신감을 재확인한 사건이 되었다. 미꼬와이칙의 판단에 대한 평가는 별개로 하더라도, 바르샤바 봉기에서 독일군과 대항하여 몸을 던진 폴란드인들은 AK만이 아니라 AL을 포함한 모든 시민이었다. 쏘련군은 9월 11일 새로 편성된 폴란드인의 보병사단과 함께 바르샤바의 쁘라가 지역을 제압하고 14일에는 그 지역을 해방시켰다. 비스와 강을 사이에 두고 있지만 쏘련군이 적극적이었으면 바르샤바 전체를 제압할 수도 있었다는 의견도 있다. 14일 저녁 독일군은 비스와 강 다리 4개를 모두 파괴했기 때문이다.

사실은 바르샤바 구원 계획은 동결되어 있었다. 스딸린 본인의 판단이었음은 말할 것도 없다. 폴란드인들은 그의 태도가 전략적인 고려와 정치적인 견해 모두에서 비롯했다고 생각하고 있다. 봉기는 완전 실패로 끝나고 20만 명이라는 어마어마한 인명 피해를 낳았다. 10월 4일 AK의 각 중대는 바르샤바 공과대학 뒤에 모여 있었다. 폴란드 국가가 흐르고 있었다.

바르샤바가 '해방'되는 것은 이듬해 1945년 1월 17이었다. 그 다음날 AK는 '스스로' 해산했다고 하고, AK의 병사들은 쏘련군에 연행된다. 스딸린 사후, 스딸린 비판의 시기인 1956년까지 폴란드에서는 AK의 언급 자체가 하나의 금기사항이었다. 1956년이 되어서야 AK의 명예회복이 가능해진다.

AK에 대한 역사적 판단은 매우 민감한 문제인 듯하다. 두 개의 적에 대항한 것이 우선 잘못된 것이라는 비판도 있다. 그러나 분명 폴란드한테는 역사가 증명하는 명백한 두 개의 적이었기에 무모함을 알면서도 내심 어찌할 수 없는 분노감의 폭발이 아니었을까. 전간기의 정치 리더 유제프 삐우수쯔끼도 러시아, 독일 모두가 적이라는 사고를 가지고 있었다. 이는 폴란드인 모두의 자연스러운 감정임에 틀림없다. 폴란드 땅에서 벌어진 유대인 학살의 참상을 포함한 제2차세계대전의 막대한 희생의 결과 찾아온 것은 이런 또 하나의 적, 쏘련군에 의한 '해방'이었다. 다시금 모든 폴란드인이 원한다고는 볼 수 없는 관계 속에 전후의 반세기가 흐른다.

봉기의 교훈과 폴란드 정신사에 흐르는 두 가지 정체성의 문제

폴란드의 전간기 소설가로, 제2차세계대전 직전 아르헨티나에 가서 귀국하지 못하고 해외 폴란드 작가로서 평생을 살았던 비똘드 곰브로비치(Witold Gombrowicz, 1904~1969)는 그의 말년 소설 『포르노그라피아』의 배경으로 바로 제2차세계대전 시기의 바르샤바와 근교를 다룬다. 여기에는 바르샤바 봉기를 전후한 시기의 AK와 AL로 상징되는, 당시 폴란드 정체성의 두 유형에 대한 사색으로 읽힐 수 있는 논의가 전개된다. 이 작가의 작품세계 측면에서 보면 이 소설은, 비록 자신은 조국의 불행을 직접 겪고 있지 않지만 멀리 있는 조국 폴란드에 대한 자신의 감정을 담는 동시에 자신이 탐구한 '미성숙'의 철학, 에로스의 미학을 모두 집대성한 작품이라 하겠다. 뿐만 아니라 이 작품의 프랑스어판은 그에게 뒤늦게 명성을 가져다주기도 한다. 1962년에 나온 이 프랑스어판은 이 작가를 전 세계에 알리는 계기가 되는데, 또 한 가지 재미있는 것은 이 작품을 통해 제2차세계대전기의 폴란드의 구체적인 상황이 더 생생하게 알려진 것이다.

1960년에 나온 폴란드어 원서에서 곰브로비치는 그 서문을 통해 폴란드어 독자를 의식하여 작품 중의 AK에 대한 언급을 해둔다. (이 폴란드어판은 물론 폴란드 국내가 아니라, 해외의 폴란드 독자들을 위해 출판된 것으로 당시 폴란드 현지에서는 출판될 수 없었다.) 안 그래도 폴란드를 떠나기 전 전간기 소설에서, 폴란드 애국주의 전통에 늘 반감을 표현해온 터라 곰브로비치는 제2차세계대전 독일 점령하의 폴란드를 배경으로 하는 이 소설 내용에 대하여 조심스러울 수밖에 없었을 것이다. "배경을 전쟁 중의 폴란드로 한 것은 그저 전쟁이라는 설정이 작품에 최적이었기 때문이다. 이 시기의 폴란드를 나는 잘 모르며 맘대로 상상으로 쓴 것일 뿐이다. 나의 오류도 망상도 포함되어 있을지 모르지만 이러한 것은 작품 중에 전개되는 사건과 전혀 무관하다. 또 한 가지, AK에 대하여도 비판이나 조롱의 의도는 전혀 없으며 오히려 난 경의를 표하는 쪽이다. 소설 속에 그러한 상황을 설정한 것은 구성상의 필요성에 불과한 것"이라고 곰브로비치는 적고 있다.

이러한 작가의 말이 폴란드어 독자에게 어떤 의미가 있을 수 있는가에 대하여는 논하지 않겠지만, 불어판을 낼 때에는 이 짧은 서문이 소설 속에 전혀 다른 의미로 녹아 들어간다는 점이 흥미롭다. 소설 속에는 한 소녀와 두 청년의 삼각관계가 그려지고 있는데, 불어판에서는 주인공들의 이름을 폴란드어 원판과는 약간 다르게 설정하여 그 상황을 그려보면 두 가지 유형의 관계가 나타난다. 일부러 화학식의 형태로 인물 간의 관계도를 보여주기도 하는 소설의 전개상 작가의 의도는 명확한 것으로 보인다. 여주인공을 두고 각기 다른 태도와 성격을 보여주는 두 주인공의 이니셜을 합하면 AK가 된다. 여주인공 헤냐의 약혼자는 폴란드어 원판과는 다르게 '알프레드'로 고쳐서 일부러 다른 주인공 '까롤'과 한 짝이 되도록 설정했다는 것이다. 여주인공 헤냐를 둘러싸고 벌어지는 알프레드와 까롤의 대립이 만드는 긴장된 분위기는 소설 결말을 향하면서 매우 중요한 의미를 가진다. 물론 그 대신 폴란드어 원본에 있던 AK에 관한 서문은 사라진다.

폴란드 시절에도 곰브로비치는, 전간기 문학의 기수로 불리면서 폴란드 근대사 최대의 정신적 유산이라 할 폴란드 낭만주의 문학에 대한 패러디와 폴란드 애국주의에 대한 비판적인 시각으로 유명했다. 폴란드의 과거와 역사에 대한 그의 비판은 이 소설 『포르노그라피아』에서도 반복되고 있다. 반어적 의미로 정한 제목으로, 당시에는 조금 다른 의미였기에 '유혹'이라는 제목으로 나온 외국어 번역판도 있다고는 하지만, 그 배경이 제2차세계대전 독일 점령 하의 바르샤바와 근교라는 점에서 얼마나 많은 노·장년의 폴란드인들이 불쾌감을 표현했을지는 상상이 가능하다.

백 수십 년간 폴란드는, 유럽지도에서 사라지기도 하고 제1차세계대전 후에는 1918년 독립으로 잠시 이십 년간 존재했다가, 다시 1939년 독일군의 침공으로 제2차세계대전을 겪으면서 (소설의 시간적 배경이 되는) 독일 점령의 시기를 경험한다. 이 긴 시간 폴란드를 정신적으로 대표하는 것이 망명정부였다면 그 물리적 정체성은 늘 국내에서 민중봉기와 지하조직을 움직이는 세력으로 발현되었다. 즉 그런 의미에서 런던 망명정부의 지하 저항군 AK의 상징성을 좀 더 확대하여 해석하자면 AK는 폴란드 정체성 그 자체이며, 역사와 현실을 모두 포함하는 폴란드 소우주의 상징이 될 수 있는 것이다. 바로 그 폴란드 정신 내부의 두 가지 유형을 그려낸다는 의미의 언어유희를 담은 것이 곰브로비치의 소설 속에 나오는 '화학식'이 아닐까. 소설 후반부에서 전개되는 "이 놀라운 화학식" 서두에 바로 AK가 등장하는 것은 우연이 아닐 것이다.

바르샤바 봉기의 비극을 언급하면서 굳이 곰브로비치의 다소 '잔인한' 진단을 소개하는 데에는 나름대로 이유가 있다. 필자가 판단하기에 곰브로비치의 이러한 행위는 너무도 폴란드적이기 때문이다. 자신의 모습에 대한 조소적인 태도, 때로는 부조리한 현실에 대한 잔인하고 냉혹한 시각으로, 감상적인 피해망상으로 빠지는 것을 참지 못하는 것은 바로 폴란드 지식인의 특징이라 생각된다. 조국을 위해 피를 흘리는 독립투사들이 드나들고, 독일군의 만행에 유린당하는 마을의 내부에서 벌어지는 에로틱한 시선과 은밀한 욕망의 정체를 탐구하는 이 소설을 통해 작가는 객관적으로 자신들의 모습을 그려낼 뿐만이 아니라, 폴란드만이 겪는 특수한 상황에서도 여전히 벌어지는 인간 보편의 부조리와 현실에 대하여 철학적 탐구를 해나가기를 멈추지 않는다. 이는 폴란드 문학에 나타나는 지적인 그로테스크의 전형적인 장면이기도 하다.

이러한 곰브로비치를 역시 폴란드 출신의 극작가 스와보미르 므로젝은 "자기 손으로 자기 몸을 수술하는 외과의사"라고 평가한다. 이 표현에 담긴 의미를 다양하게 해석해보는 것만으로도, 폴란드 지식인들의 고뇌와 특수성을 짐작할 수 있을 것이다. 소설과 희곡을 제외한 가장 중요한 '작품'인 그의 『일기』(1953~1968)에서 곰브로비치는 "에로틱하지 않은 철학을 믿지 않는, 섹스가 배제된 사상을 믿지 않는"다고 단언한다. "순수한 의식은 다시금 육체 속으로, 섹스 속으로, 에로스 속으로 침투해야 하며, 예술가란 철학자를 늘 새롭게 매혹 속으로 끌어들여야 한다"고 말한 것도 역시 곰브로비치다. 바르샤바 봉기의 비극에 대한 이야기를 바로 이러한 자유분방한 작가론으로 마무리해야 한다는 것이 바로 폴란드의 특수성을 논하는 어려움이며 동시에 부조리이기도 하다.

도시의 영혼

꼰비쯔끼의 소설 「뽈스끼 콤플렉스」

필자의 바르샤바 시절, 대학 앞 까페에서 자주 마주친 사람 중에 따데우슈 꼰비쯔끼가 있다. 꼰비쯔끼는 리투아니아 출신으로 1948년부터 바르샤바에 거주한 영화감독이며 소설가이다. 그의 소설 중에는 「뽈스끼 콤플렉스」라는 작품이 있다. 1977년에 발표되어 전 세계적으로 화제가 된 소설로 그 제목을 정확하게 번역하자면 '폴란드적인 콤플렉스'인데 일종의 폴란드 분석이라 해도 좋겠다. 그러나 무엇보다 흥미로운 것은 작품 전체에 나타나는 바르샤바의 정신적 집착, 바르샤바의 역사를 통해 드러나는 폴란드의 정신과 폴란드적 성격 등을 통틀어 작가가 폴란드 콤플렉스라 표현했다는 점이다. 상점 앞에 늘어서 있는 사람들과 주인공의 관계가 서술되는 가운데 1863년의 '1월 봉기'에 뛰어드는 조부인 듯한 사람과 역시 그 봉기의 영웅의 이야기가 삽입되는 식으로 이야기는 전개된다. 바르샤바 봉기인 듯한 동란에 참가한 주인공은 그보다 81년 전에 일어난 '1월 봉기'에 참가한 조부와 영적인 교류를 하게 된다. 1863년과 1944년, 이 두 개가 주인공의 의식 속에 마치 하나의 고정관념처럼 존재한다. 조부의 연인 반다는 1944년의 봉기 당시 체포되어 행방불명이 되는 여성 연락병의 이미지와 겹쳐진다. 그녀로 말할 것 같으면 "자유의 기쁨도, 부자유의 굴욕도 알지 못한 채 죽어간" 존재라는 것이다.

한편 미지의 나라에서 온 친구의 편지를 통해 꼰비쯔끼는 당시 정권에 대한 비판으로 읽히는 메시지를 전달한다. 1944년 바르샤바 봉기에 대한 정당한 평가 없이 세워진 전후의 정

바르샤바 데모행진,
1968년 3월.

권과 쏘련에 대한 비판이 담겨 있음은 말할 것도 없다. 상점 앞에 늘어서 있는 사람들 중에는 무정부주의자로 불리는 한 프랑스 청년이 있다. 어느 학생의 설명에 의하면 경찰 포위망을 피해 폴란드로 도망 온 테러리스트라는 것이다. 예전에는 젊은이라면 누구나가 '빠리'를 바라보았지만 이제는 그게 '바르샤바'라는 것이다. 폴란드 영화에 매료되어, 폴란드에는 무언가가 있다는 신념으로 찾아온 프랑스 청년은 사진을 찍다가 경찰에 적발된다. 폴란드에 대한 자신의 친근감을 표현하면서 자신에게 악의가 없음을 보이려 하는 아나키스트 청년은 폴란드 국가를 부르기 시작한다.

줄 서있는 손님들을 무시하고 가게 주인이 쏘련에서 온 관광객을 먼저 맞이한다. 공교롭게도 그 중 한 사람은 주인공의 빌노 출신 친척. 자신의 가문에 폴란드, 리투아니아, 벨로루시의 피가 섞여 있음을 자각하는 주인공. 이는 폴란드, 러시아, 유대인 정신의 혼혈을 의미한다. 여기서 꼰비쯔끼는 지금 폴란드어로 작품을 쓰고 있는 자신은 과연 누구인가 자문한다. 유럽의 인간이고 코스모폴리탄이며 세계시민인 자신을 완고한 일개 폴란드인으로 바꾸어버린 것은 도대체 누구란 말인가, 라고 자문하는 작가.

국가 부재 세월 동안 형성된 폴란드 정신의 한 측면

15~16세기에 비스와 유역에서 드네쁘르 전 유역에 이르는

봉건 대국이었던 폴란드는 공식적으로는 '폴란드-리투아니아 왕국'이라는 연합국이었다. 토족들의 공화국이라고 불린 이 대국은, 17~18세기를 통해 점차 약해지고, 18세기 말 인접한 전제 강국들에 의해 분할되어 1918년 국가로 재건되기까지 123년간 국가의 형태로는 유럽의 정치 지도에서 완전히 사라지고 만다. 어찌 보면 서구의 근대와 그 문명이 절정에 이르는 시기가 폴란드에게는 수난과 저항의 기간이었다 하겠고, 그런 만큼 서구 및 러시아 그 어느 쪽과도 다른 독특하고 개성 있는 문화 시스템과 정신체계를 만들 수 있었다고도 볼 수 있다. 이는 프러시아와 오스트리아라는 문화와 러시아라는 문화의 영역 중간에 국가라는 보호틀 없이 존재해야만 했다는 의미만이 아니라, 전 세계로 흩어진 방대한 폴란드인구와 그 문화를 통해, 자연스럽게 전통적인 공간과 낯설고 새로운 공간이 조화를 이루는 조건 속에서 민족을 초월한 이데올로기를 구축하는 데 성공했다는 의미도 담겨있다.

바로 이러한 국가 부재의 시기는 폴란드의 민족적 각성과 문화적 정체성의 시기이면서 동시에 폴란드 문화가 세계문화사에 자연스럽게 녹아 들어간 시기이기도 하다. 폴란드 낭만주의, 무장봉기, 재외 폴란드 문화, 군사적인 교류, 각국에서 활동한 사회주의자 등 실로 다양한 체험이 오히려 국가 부재의 상황이었기에 가능했던 것이다. 그러나 제2차세계대전을 통한 유대인 말살과 그 결과로 생긴 쏘련과의 강압적 연대는 결국 폴란드에 다시 회복하기 어려운 새로운 상처를 더했다.

다민족의 폴란드는 완전히 사라지고, 게다가 결국 쏘련식의 사회주의를 따라야 하는 긴 시간이 강요되었기 때문이다.

바르샤바를 생각하면 필자는 늘 바르샤바 대학 앞, 거리가 끝나는 지점의 사거리를 건너 바로 신세계 거리가 시작되는 그 지점에 있는 까페에 출몰하던 꼰비쯔끼의 얼굴을 떠올린다. 그의 영화 중 가장 인상적이었던 장면인, 어느 광기의 집단무 장면과 겹쳐지는 그의 얼굴에서 필자는 늘 바르샤바에서 사라져간 사람들과 자유의 영혼들을 떠올린다. 짧은 소견이지만 필자가 생각하기에 바르샤바는 무엇보다도 폴란드인의 관용(똘레랑스)과 수많은 봉기와 저항의 역사를 간직한 도시, 국가를 초월한 혁명을 외치던 로자 룩셈부르크의 도시이기 때문이다. 다민족과 관용의 도시에 현재는 그저 폴란드인들만 남아 있는 모습이 매우 쓸쓸하다.[5]

하나의 도시를 그려낸 작품 중에, 네덜란드 출신 영화감독 요리스 이븐스(Joris Ivens)의 「세느가 빠리를 만나다」(1954)라는 영화가 있다. 시적인 흑백화면에 담아낸 빠리 사람들의 표정에 그 강과 그 도시에 흐르는 각 계층의 역사와 이야기가 동시에 드러나고 있는 것이 매우 인상적이다. 하지만 바르샤바의 비스와 강을 배경으로 이러한 영화는 불가능할 것이다. 바르샤바 시민의 표정에는 '역사'도 '이야기'도 없다.

이븐스가 바로 같은 시기에 쇼스따꼬비치와 함께 만든 「강의 노래」(1954)에는 바르샤바와 평양의 '재건'을 같이 다루는 장면이 나온다. '빠리'에서는 가능한 것이 이 두 도시에서는 불가능한 이유를 그는 잘 알고 있다. 말년의 이브스는 중국에서 '바람의 이야기'와 '바람의 역사'를 영화로 만들어 본다. 중국을 배경으로 중국의 역사와 인간을 그린 그의 유작이다.

'바르샤바'를 배경으로 지금까지 무수히 많은 영화가 만들어졌다. 제2차세계대전 직후 독일 점령기 바르샤바를 다룬 에른스트 루비치의 「사느냐 죽느냐」(1942)라는 영화가 있다. 단순히 전쟁이 배경이라서 생사의 문제를 묻고 있는 것이 아니라, 햄릿의 그 대사를 지칭한다. '신의 놀이터' '강대국들의 가면무도회장' '역사와 두는 체스게임' 등 그 어떤 표현으로도 다 말할 수 없는 바르샤바의 이야기와 역사를 루비치는, '비극의 무대'를 준비 중인 극단배우들이 '부조리한 현실'에서 겪어야 하는 '희극적인 이야기'로 그리고 있다. "신은 비극 배우에게 코미디를 연기하라고 하신다"는 대사. 아니 그 반대였던가.

이 책 서두에서 언급한 뽈란스끼의 「피아니스트」라는 영화로 돌아가자. 젊은 시절, 여러 도시를 주제로 한 옴니부스 영화 중 하나를 만들기도 했던 그가 이제서야 자신의 이야기를 꺼낸다. 하지만, 이 영화 속에는 바르샤바의 폴란드인이 없다. 이 년 전 필자가 바르샤바 어느 정원파티장에서 만난 슈삘만의 아들은 뽈란스끼의 작업에 대한 언급을 피하고 있었다. 자신이 서문을 쓴 아버지의 책에 대하여도 언급을 피한 채, 농담과 노래로 익살극을 하면서 폴란드 문학을 한다는 필자의 시선을 피하고 있었다. 바르샤바 이야기는 어쩌면 이제 겨우 시작인 것 같다.

주

1) 이 책에 나오는 외국어와 외래어 표기는 필자의 원칙에 따른 것임을 밝혀둔다. 어느 언어권이나 표기법의 문제는 번역의 문제 이상으로 복잡하고 의견의 일치를 보지 못하는 사안이다. 특히 폴란드를 비롯한 유럽의 각국에서는 역사적으로 무수한 국경선의 변화로 지명의 표기는 시대별, 왕조별로 복잡하기 이를 데 없고, 누구의 시각에서 보는가에 따라 표기법도 달라진다. 표기법 하나로 도시의 주인이 바뀔 수도 있다. 말은 그만큼 무섭고, 언어는 이데올로기를 담고 있어서 사람의 마음을 찌를 수도 있다. 유대인이 학살된 폴란드의 한 도시 이름을 독일 점령기가 끝난 지 수십 년이 지난 지금 국내 일간지에 버젓이 독일어 발음으로 표기하는 저명한 지식인의 글에 소름이 돋는다. 세계 유력의 영문 일간지에서도 이전의 방식이 아니라 현지 존중의 표기로 바뀌고 있는 작금이다. 가령 '쉰들러 리스트'의 배경이 된, 그 비극의 장소 아우슈비츠 수용소(현지 지명은 '오슈피엔침')의 인근 도시 끄라꾸프를 'Cracow'가 아닌 'Krakow'로 표기하는 영자지가 나타나기 시작했다.

물론 필자의 표기법은 주관적인 '번역'이고 필자 개인 '세계관'의 반영이며 하나의 제안에 불과하다. 거의 20년간 관심을 가지고 표기법 문제를 연구 중이지만 이 책에서도 그대로 드러나듯이 아직도 '비인(빈)'과 '비엔나' 구분도 마음을 정하지 못하고 있다. 동구 러시아를 연구한 사람이면 이러한 것이 얼마나 민감한 문제인지 절감하면서 산다. 국경선의 변화와 전쟁이나 분쟁의 결과로, 하나의 지명에 세 개의 표기법이 존재하기도 한다. 실수가 두려워 어느 시대를 다루고 있는가에 따라 다시 한번 자료를 확인하기가 일쑤다. 역주와 각주가 필요한 지명이 나오면 긴장한다. 국내 유명 출판사에서 나온 번역판에서도 어처구니없는 실수가 나오는 것은 역사책을 안 봐서 생기는 문제다.

이따금 해외 학회에서는 역사학 학회가 아닌데도 지명의 표기나 발음 문제가 격한 논쟁을 부르기도 한다. 유대계 이름의 발음 또한 민감한 문제다. 역사관이나 세계관의 문제인 것이다. 우리에게 뭐든지 영어식 표기를 따르면 그만이고 그게 편하다고 선호되는 시절이 있었다. 각 지역권 전문가가 엄연히 존재하는 지금도 전문가 표기는 무시당하기 일쑤다. 표기법은 국가의 기관에서 정한다고 해결되는 문제는 아니다. 특히 우리말의 경우 모음이 많고, 다양한 소리를 표기할 수 있어서 더욱 문제가 복잡하다. 일단은 그 내부 분열을 그대로 인정하더라도, 전문가들 집단이 선호하는 표기를 존중하는 것이 유일한 대안이다. 그 누구도 정답을 내놓을 수 있는 문제는 아니다. 그렇다고 해도 언제까지나 영어에서 표기하는 편법이나 '외래어 표기법'에 기댈 수만은 없다. 계속 논쟁해야 하고, 혼란은 혼란 그대로 인정하면서 논의되어야 한다.

여기서 당장 문제가 되는 폴란드어의 경우를 보자. 기계적인 적용으로, 현행 외래어 표기법에 따르면 '바웬사'나 '쳉스토호바'와 같은 비현실적인 표기가 강요된다. 국가관이 투철하고 질서를 존중하는 태도에서 나온 선의라고 보고 싶지만, 안타깝게도 실재로 그런 표기를 쓰는 문헌도 있다. 이는 뒤에 오는 음에 따라 음가가 변하는 특정 글자의 소리를 기계적으로 적용한 탓으로, 외래어 표기법을 신봉하는 일간신문에서조차 무시당하고 있다. 표기법을 어겨가면서 '바웬사' '쳉스토호바'(정확하게는 '쳉스또호바')라고 '제대로' 표기한다. 쇼팽의 경우 엄격하게 말해서 프랑스어라면 '쇼빵'이어야 하고, 폴란드어라면 '쇼뼁'이다. 우리는 뭐든지 영어에서 표기하려고 하는 것이 문제다.

이 모든 게 머리가 아프다면, 이 책의 주인공을 보라. '폴스카' 혹은 '뽈스까'로 적고 부르면 정확하기도 하고 주체적인 것을, 아직도 영어식으로 부른다. '폴란드'가 우리 현실이다. 심지어는 '폴랜드'도 나온다. 기묘하게도 '바르샤바'는 영어식 발음이 아니라 바로 폴란드어 표기가 정착되어 있다는 점이다. 북한은 매우 이른 시기에 이런 문제를 해결했다. 많은 문제가 있음에도 북한의 표기법은 적어도 상대국을 존중하는 우리말식 표기법이다. 세계관의 문제인 것이다. '게놈'과 '지놈'의 논쟁에서도 결국 세계관의 문제가 결여되어 있다.

2) 노르비드(*Cyprian Norwid*)의 시 원제는 「쇼팽에 관하여 *O*

93

Szopenie」이고, 프랑스어 번역판 제목은 「*Sur Chopin*」이 일반적이다. 최근 폴란드에서는 이 작품이 폴란드어와 불어판이 하나로 묶인 시집으로도 나오고 있다.

3) 쇼팽의 전기는 가장 최근에 폴란드에서 나온 바르바라 스몰렌스까-젤린스까(Barbara Smolenska-Zielinska) 여사의 『프리데릭 쇼팽과 그의 음악 *FRYDERYK CHOPIN I JEGO MUZYKA*』(바르샤바, 1995)을 주로 참고하였다. 현재 나온 전기 중 폴란드 자료로는 '결정판'이라 해도 좋을 만큼 방대한 자료를 사용하고 있다. 이 책의 특징은 가장 교과서적인 쇼팽 전기라는 점. 여사는 바르샤바 대학과 음악학교 등에서 강의하는 음악학자로, 남편과 함께 쇼팽 연구에 일생을 바친 전문가이다. 이 책은 일종의 교과서 관련 교육 출판사에서 나온 것으로, 원래는 남편 따데우슈 젤린스끼의 쇼팽 전기 『쇼팽-생애와 창조의 길』(끄라꾸프, 1993)이 더 유명하다. 한편 쇼팽의 서간집은 1955년에 나온 시도프 편집판을 사용했다.

4) 폴란드에서는 이러한 문제를 다룬 영화나 문학작품은 물론 패러디 작품도 무수하게 있었다. 한편 '나뽈레옹과 폴란드' 혹은 '나뽤레옹과 우리'라는 테마의 도서 역시 많이 나왔고 최근의 폴란드 출판물 중에는 사진 자료를 방대하게 담은 책자도 출판되었다.(Andrzej Nieuwazny, My z Napoleonem, Wroclaw, 1999)

5) 전반적으로 주관적인 필자의 의견이 많지만, 필자가 잘 모르는 역사 관련 내용은 다음의 자료를 참고해 보충했다. 유대인 관련, 바르샤바 봉기 관련 내용은, 工藤幸雄(Kudo Yukio)의 바르샤바 관련 저서 『ワルシャワ物語(바르샤바 이야기)』와 『ワルシャワの七年(바르샤바 7년)』을 참고하였다. 폴란드와 서구의 연구서보다도 객관적이고 방대한 자료를 사용한 명저이다. 바르샤바 공국 관련은 끄쎄쥬 문고로 나온 암브로와즈 죠베르의 『폴란드사』(Ambroise Jobert: Histoire de la Pologne/Collection QUE SAIS-JE? №591)를, 기타 폴란드 역사 관련, 음악사 관련 내용은 三省堂에서 나온 『ポーランド入門』(1987), 『ポーランド民族の歷史』(1980)와 폴란드의 최신 PWN [뻬.브.엔.] 백과를 참조하였다.

바르샤바

초판발행 2004년 6월 30일 | 2쇄발행 2009년 2월 25일
지은이 최건영
펴낸이 심만수 | 펴낸곳 (주)살림출판사
출판등록 1989년 11월 1일 제9-210호

주소 413-756 경기도 파주시 교하읍 문발리 파주출판도시 522-2
전화번호 영업 · (031)955-1350   기획편집 · (031)955-1357
팩스 (031)955-1355
이메일 book@sallimbooks.com
홈페이지 http://www.sallimbooks.com

ISBN 89-522-0253-8 04080
       89-522-0096-9 04080 (세트)

값 3,300원